Wolf Lotter
ECHT

WOLF LOTTER

ECHT

Der Wert der Einzigartigkeit
in einer Welt der Kopien

ECON

Wir verpflichten uns zu Nachhaltigkeit
- Papiere aus nachhaltiger Waldwirtschaft und anderen kontrollierten Quellen
- Druckfarben auf pflanzlicher Basis
- ullstein.de/nachhaltigkeit

Econ ist ein Verlag
der Ullstein Buchverlage GmbH
ISBN: 978-3-430-21109-3
© der deutschsprachigen Ausgabe
Ullstein Buchverlage GmbH, Berlin 2024
Redaktion: Michael Schickerling, schickerling.cc, München
Wir behalten uns die Nutzung unserer Inhalte für Text und Data Mining im Sinne von § 44b UrhG ausdrücklich vor.
Gesetzt aus der Minion Pro
Satz: Pinkuin Satz und Datentechnik, Berlin
Druck und Bindearbeiten: CPI books GmbH, Leck

Inhalt

Echt jetzt! 7

1 Das Wahre, Echte 11

2 Die Welt, ein falscher Fuffziger 74

3 Täuschungen, Enttäuschungen 101

4 Globaler Selbstbetrug 137

5 Echte Werke, echte Menschen 174

Anmerkungen 217

Echt jetzt!

*Guck mal in deinen Spiegel, da steht das Original.
Du bist nicht kopiert, nein, du bist gemalt.
Alles, alles echt, nix gefakt oder falsch.
Keine zweite Wahl, nein du bist das Original.*
(PRINZ PI UND MARK FORSTER, »DAS ORIGINAL«)[1]

Dieser Essay ist dem Wert und dem Wesen des Echten, des Originals und des Unverwechselbaren, des Einzigartigen gewidmet. Wir wollen sehen, wie sehr wir uns in Wirtschaft, Kultur und Gesellschaft davon entfernt haben. Das Echte ist so exklusiv geworden, dass es schon als Luxus gilt. Dieser Luxus sichert aber alles, was wichtig ist, um durch die Jahre zu kommen: Wohlstand, Wissen, Innovationsfähigkeit, die Freude an Einmaligem, Erlebtem. Das Echte ist es wert, gewogen und geprüft zu werden.

Doch was ist das Echte eigentlich? Die kürzestmögliche Antwort lautet: Das, was ist. Und das hat viele Namen: Realität, Wahrheit, Original, Beweisbares und Faktisches, Vertrauenswürdiges und Nachhaltiges. Sein Gegenteil, das Falsche, behauptet das freilich auch, um uns zu täuschen. Wir sollen dem Konstruierten, der Manipulation, der Fälschung und Täuschung auf den Leim gehen. Es wirkt in Zeiten, in denen alle Aufmerksamkeit suchen, wie ein starker Magnet.

Das Echte zieht das Falsche an. Aber das ist nur auf den ersten Blick so. Um die Echtheit von Gold zu prüfen, kann man einen starken Magneten in seine Nähe bringen. Das echte Gold wird davon abgestoßen. Unser Goldstandard ist ein kritischer Verstand, aufgeklärtes Fragen und konstruktives Zweifeln. In den Medien, nicht nur im Web, kursieren Fake News und Kopien. Im Journalismus, dessen wichtigste Aufgabe es war und ist, Falsches von Richtigem zu unterscheiden und so den Menschen Informationen für Lebensentscheidungen aller Art zu liefern, braucht es mittlerweile korrigierende Einrichtungen, Korrektive, um die Auswirkungen von Manipulation und Fälschung von Nachrichten zu lindern. Lebenspraktisch hat sich der angesehene deutsche Theodor-Heuss-Preis im Jahr 2023 das Thema der Zeit gesetzt: »Zwischen Wahrheit und Lüge unterscheiden – Chance der Demokratie«. Der russische Dissident und Fake-News-Experte Leonid Wolkow wurde zum Preisträger gewählt, weil er, so befand es die Jury, deutlich macht, »wie gefährlich in einer Demokratie permanente ›Lügenkampagnen‹ von Teilen der Bevölkerung und auch von Parteien sind. Das ist uns auch für Deutschland eine Mahnung.«[2] In Zeiten des Krieges gehören List und Fälschung, Propaganda und Fake News von jeher zur Normalität, die wir gerade deshalb immer wieder hinterfragen müssen.

Plagiate, die Aneignung fremden geistigen Eigentums, erschüttern seit Jahren die Welt der Universitäten und der Politik. Zumindest Ersgenannte galten lange Zeit als Verteidiger des Echten, des originären Gedankens. Dass Plagiatsfälle stark zunehmen, ist nicht nur eine Frage besserer Methodik und Technik bei deren Aufklärung. Die Aneignung fremder Ideen ist so üblich geworden, dass kaum noch jemand darüber nachdenkt, weshalb das eigentlich geschieht. Für Gesellschaften, in denen Wissen längst die wichtigste Ressource ist und damit die Innovationsfähigkeit und langfristige Sicherung wirtschaftlicher und politischer Interessen, ist das ein katastrophaler Befund: Sie wissen nicht, was sie tun – was aber keine Entschuldigung sein darf. Denn nie war der Respekt vor dem Original und seinen Urhebern so gering wie heute. Es wird gesampelt, recycelt und geklaut, was das Zeug hält. Mit gerechter Teilhabe, wie oft behauptet wird, hat das nichts zu tun. Es zeigt nur, wie kurzsichtig diejenigen sind, die das behaupten. Viele von ihnen wollen die Konsumgesellschaft und deren schieren Materialismus in die Schranken weisen. Wie soll das aber funktionieren, wenn die einzige Alternative dazu – innovatives Denken, geistige Arbeit, Ideen und Originalität – nicht geschätzt wird? Hinter so mancher Konsumkritik steckt kaum mehr als oberflächlich getarnter Konsumismus. Das Internet ist so, wie es sich heute auf Plattformen und Social Media präsentiert, vor allen Dingen ein Vehikel eines rücksichtslosen Marketingkapitalismus, der keine Originale braucht, sondern von der Kopie lebt.

Das aktuell schlimmste Beispiel dafür ist Tiktok, eine chinesische Propagandaschleuder, in der die vorwiegend jugendlichen Nutzer dazu erzogen werden, sich die Kreativität anderer anzueignen. Wo scheinbar niemandem mehr etwas gehört, haben die Zentrale, die Partei, der Staat, der Konzern Oberwasser. Das ist die politische Botschaft der vermeintlich unbegrenzten Möglichkeiten. Es ist eine Diktatur, die sich als Vielfaltswelt ausgibt. Ein falscher Fuffziger, der die Demokratie bedroht – und vorher den kritischen Verstand unserer Kinder beseitigt.

Innovationen sind in diesem System Störfaktoren. Was wir gerade erleben, ist das letzte Gefecht der Kopiergesellschaft, die sich aus der industriellen Revolution entwickelt hat.

Die Wissensgesellschaft lebt vom Echten, vom Einzigartigen. Wer das übersieht, verliert alles. Wer das erkennt, baut heute schon an einer Welt, die sich kein X für ein U vormachen lässt. Dafür wird heute jede und jeder gebraucht.

1 Das Wahre, Echte

Echtheit bezieht sich normalerweise darauf, ob etwas authentisch oder original ist. In Bezug auf Informationen oder Daten kann »echt« bedeuten, dass sie korrekt und verifiziert sind. In Bezug auf Gegenstände kann »echt« bedeuten, dass sie nicht gefälscht oder nachgemacht sind. Es ist wichtig zu beachten, dass Echtheit manchmal schwer zu bestimmen sein kann und von verschiedenen Faktoren abhängt.

(CHATGPT AUF DIE FRAGE: »WAS IST ECHT?«)[3]

Alles echt

Die Sehnsucht nach Echtheit und Einzigartigkeit in einer Welt, die immer lauter zum Mitmachen auffordert, ist unübersehbar groß. Die Menschen haben die Konserven satt. Sie wollen Frischware.

Dabei genügt es ihnen nicht mehr, in die Provinz zu ziehen, abseits der großen Städte zu leben. Das Echte finden sie nur noch in der extremen Peripherie, wo es keinen Wasseranschluss mehr gibt, keinen Kanal, keinen Strom und nur mit sehr viel Glück Handyempfang. Es gibt auf Youtube Millionen Abonnenten solcher Videokanäle, die dieses Off-Grid- und Remote-Erlebnis verkaufen, mit jungen Leuten, die sich ihre Hütte im Wald bauen, in Alaska, Kanada oder Nordschweden.

Der niederländische Grafikdesigner, Fotograf und Filmemacher Martijn Doolaard ist einer der erfolgreichsten unter den regelmäßigen Chronisten dieser Suche nach dem Echten. Rund 600 000 Abonnenten schauen jede Woche eine Stunde lang dabei zu,[4] wie Doolaard, der zwei alte Steinschuppen in den Piemonteser Alpen erwarb, das Dach mit Schiefertafeln deckt, Wände verfugt und einen Hühnerstall baut – um nur ein paar der unzähligen handwerklichen Arbeiten des Mannes anzuführen. Es sind in der Regel nicht mehr die alten Zurück-zur-Natur-Geister, die es noch vor einigen Jahren gab. Immer dabei ist heute die Kamera, denn jede Renovierung, jedes Abenteuer ist auch ein Filmset, und das Geld für Material und Lebensunterhalt kommt vorwiegend aus den Youtube-Einnahmen. Doolaard ist Vollprofi mit MacBook und Hightech-Drohne, der seine Fähigkeiten als Bauherr an der Youtube-Universität erworben hat.

Das Projekt der »Cabins in the Italian Alps« ist dabei nur ein besonders sehenswertes Beispiel für den Drang nach Selbstverwirklichung, die mit echt harter Arbeit verbunden ist. Nicht mehr der Geiz ist geil, sondern Können, Knowhow und persönliche Fertigkeiten – jene einzigartige Mischung, die man, lange vor der Industrialisierung, den Meistern zugeschrieben hat. Handarbeit und Selbstbewusstsein verbinden sich mit digitaler Wissensarbeit zu einem neuen Bewusstsein: Ich kann mir helfen. Ich bin kein Verbraucher, sondern Gestalter echter, einzigartiger Dinge.

Für die Meisterschaft, die das Original und das Einzigartige verlangt, muss man aber nicht in die Pampa ziehen. Es geht auch anders. Laut. Live.

Im August 2023 berichtete der Wirtschaftsdienst Bloomberg über einen bemerkenswerten Wachstumsimpuls in der Wirtschaft der Vereinigten Staaten: Das Bruttoinlandsprodukt der USA werde im dritten Quartal um geschätzte 8,5 Milliarden Dollar oder rund 0,7 Prozent wachsen. Dafür konnte das Silicon Valley nichts und auch keine andere Branche, die zu den üblichen Verdächtigen in Sachen Konjunktur und Wachstum zählt. Der Zuwachs baut einzig und allein auf den künstlerischen Aktivitäten der Damen Beyoncé und Taylor Swift, deren 50 Konzerte ihrer Tourneen zusammen einen Wert von 5,4 Milliarden Dollar repräsentieren. Den Rest auf die 8,5 Milliarden steuerten die Blockbuster *Barbie* und *Oppenheimer* bei.[5] Beyoncé und Swift sind zwar die Topstars ihrer Branche, aber eben nur die Spitze eines Trends, die neue Regel, keine Ausnahme. Deshalb wurde Taylor Swift, die Galionsfigur dieser Entwicklung, auch 2023 zur »Person des Jahres« im *Time Magazine* gewählt, die erste Künstlerin überhaupt, der diese Ehre widerfährt.

Liveacts, bei denen Originale, die Musikerinnen und die Künstler, mit echten Menschen an einem Ort zusammenkommen, verdienen seit Jahren – und schon vor der Corona-Krise – das große Geld in der Unterhaltungsbranche. Künstler erzielen, so hat der Musikproduzent Thomas Stein es in einem RTL-Interview vorgerechnet, zwischen 80 und 90 Prozent ihrer Umsätze durch Konzerte und Shows.

Wir nehmen das irgendwie zur Kenntnis, aber fragen uns selten, was das bedeuten könnte. Das Geschäft mit der Konserve, der Kopie – alias der Schallplatte, der CD und letztlich auch der immer knapperen Tantiemen, die Streamingdienste wie Spotify für die eigentlichen Schöpfer des Originals bereit sind abzugeben – reicht nicht mehr aus, um das aufrechtzuerhalten, was wir einmal Musikindustrie nannten.

Umgekehrt nimmt die Kritikfähigkeit ständig ab und der

Faktenanalphabetismus ständig zu. Schon 2016 zeigte eine Stanford-Studie, dass immer weniger junge Menschen zwischen Werbung, Marketingaussagen und News unterscheiden können.[6] Ob jemand sich die Nachrichtensendung gekauft hat oder ob das, was dort verkündet wird, noch objektiv ist, scheint immer weniger Menschen zu interessieren – Hauptsache, sie hören, was sie hören wollen. Das ist zugleich der Preis der Virtualisierung: Wer nicht mehr zwischen Monitor und Realität unterscheiden lernt, der hält alles, was ihm vorgesetzt wird, immer für bare Münze.

In gewisser Hinsicht sind wir die Opfer einer Fata Morgana, jener trügerischen Luftspiegelung, die nach der mystischen Fee Morgana benannt ist und die in Wüsten eine grüne Oase vortäuscht, an der Küste eine nicht existente Insel oder etwas anderes Handfestes, wo eigentlich nichts ist als heiße Luft. Schlimm ist nicht so sehr, dass wir die Fata Morgana überhaupt sehen – das ist nicht zu vermeiden, unser Auge und unser Gehirn lassen sich auf gar nichts anderes ein. Das eigentliche Problem besteht darin, dass die Fata Morgana uns von den Ausblicken ablenkt, die sich wirklich lohnen, weil sie eine reale Landschaft zeigen, reale Dinge, reale Menschen.

Das ist, gleich hier zu Beginn dieses Buchs, ein Hinweis darauf, worum es geht: In der Aufmerksamkeitsgesellschaft wollen alle dabei sein, in der Konsumgesellschaft, die sie hervorgebracht hat und weiterhin trägt, verspricht die Individualisierung uns Einzigartigkeit und Sinn, etwas Echtes eben. Aber was wir meistens bekommen, ist Konfektionsware, ein falscher Fuffziger von der Stange. Deshalb drängt es Leute raus ins Off-Grid und rein ins Handwerk, ins Gegenständliche, wo die Kopie schlechte Karten hat, weil sie eben nicht trägt.

Das Echte braucht echte Aufmerksamkeit im Sinne von Zuwendung und Ernsthaftigkeit. Es lässt sich nicht einfach konsumieren, weil in allem Echten auch ein Stück von uns ist – nichts Geliehenes, Geborgtes oder Geklautes. Es ist das, wofür es sich anzustrengen lohnt. Und das muss man auch, denn das Echte wirft sich uns nicht einfach zu Füßen. Nach wie vor leben wir aber in und für das Massenhafte, die Menge, die Quantität. Dabei ist, als Gesellschaft wie im globalen Konkurrenzkampf betrachtet, ein schnelles, gründliches Umschwenken auf Qualität, Originalität und Innovationsfähigkeit nötig. Das sollte uns nicht fremd sein, dafür standen wir mal. Doch das ist lange her. Jetzt wird der Westen zu seinem eigenen Abziehbild. Diese zunächst frustrierende Einsicht ist aber nur das Ende vom Anfang einer Einsicht, die sich seit Jahrzehnten immer stärker Bahn bricht. Das Echte wollen, das heißt: Wir müssen herausfinden, wer wir wirklich sind, was wir wirklich können, was wir wirklich brauchen.

Und all diese Dinge hängen zusammen. Die Suche nach dem Echten ist keine billige Sinnsuche, bei der uns ein paar Gurus etwas verhökern wollen. Da geht es, wie wir sehen werden, um ganz handfeste materielle Interessen, um Geld, Einfluss, Macht, Zugriff, Teilhabe. Ums Ganze.

Die Sehnsucht nach Echtheit ist in uns, auch wenn sie häufig nur mit einer Fata Morgana beantwortet wird. Immer mehr Menschen verstehen, dass es nicht reicht, einfach immer mehr vom Gleichen zu haben. Sie wollen, was für sie passt. Das ist die große Transformation. Sie führt vom Mitlaufen zum eigenen Leben. Unser Leben ist kein Fake.»Du bist«, wie die Künstler es eingangs so schön sagten,»keine zweite Wahl. Du bist das Original.«

Womit wir wieder bei Beyoncé und Co. wären, bei Livekonzerten, für die man gut und gerne 400, 500, 600 Euro ausgeben kann, wenn es überhaupt noch Karten gibt, denn die Nachfrage überschreitet das Angebot deutlich: Liveshows sind echt!

Sie sind Originale. Sie können nicht beliebig wiederholt werden. Wer in Woodstock nicht dabei war, kann sich eine Konserve kaufen, eine Eventkopie. Wer Taylor Swifts Tour versäumte, kann natürlich auch auf Spotify ihre Hits hören – vorausgesetzt, die sich ihrer Originalität und Urheberrolle bewusste Swift lässt es zu, dass der Musikdienst den allergrößten Teil des Geldes für sich kassiert – und die Künstler, die das Einzigartige geschaffen haben, sich mit Krümeln zufriedengeben müssen.[7] Schon vor Jahren war Swift, zusammen mit anderen Größen wie Herbert Grönemeyer, offensiv gegen die Streamingdienste aufgetreten. Original ist Markenmacht ist Marktmacht.

Im Jahr 1968, als sich die politische Landschaft änderte, hieß es: Das Private ist politisch. Für unsere Zeiten gilt: Das Persönliche macht die Politik.

Das, was uns lange als Normalität erschien, trägt nicht mehr und verblasst allmählich. An seine Stelle tritt etwas Neues, das uns, wenn wir ihm begegnen, gleichsam fremd und vertraut erscheint. Wir kennen uns, das Echte, das Wirkliche, das Reale, nur mehr flüchtig. Wir haben uns lange nicht mehr gesehen. Wir haben uns verändert. Mit dieser Begegnung haben viele schon gar nicht mehr gerechnet.

Was ist Einzigartigkeit?

Einzigartigkeit bedeutet, dass jemand oder etwas einmalig ist. Bei Produkten und Ideen sprechen wir vom Original, bei

Was ist Einzigartigkeit?

Menschen von unverwechselbarer Persönlichkeit, jener wirklichen Individualität, die uns voneinander unterscheidbar macht. Einzigartigkeit gewinnt dort, wo viel nachgeahmt und kopiert wird und wo die Komplexität sehr hoch ist, eine zentrale Rolle spielt. Komplexität ist ja nur dann kompliziert und chaotisch, solange sie nicht klar erschlossen und damit unterscheidbar ist. Das haben Originale immer geschafft: Sie heben sich kenntlich ab von der Masse, dem Vielen. Sie schaffen Orientierung durch Kenntlichkeit.

Mit der Digitalisierung wurde vorschnell der Einzigartigkeit abgesagt. Es gibt keinen technischen Qualitätsverlust mehr, alles ist ein Zitat, alles kopierbar, wiederverwertbar. Das Recycling des Vorhandenen ist aber nichts anderes als das Verfrühstücken der Substanz. Fast alle Entwicklungen der vergangenen Jahrzehnte wenden sich gegen Künstler, gegen die Schöpfer der Originale. Es mag sein, dass die Summen, die Beyoncé und Taylor Swift umsetzen, die ganz großen Konzernbosse, die ihre Urheber und Kreativen ausquetschen, nicht beeindrucken. Sie sind auch noch nicht das Ende dieser ungerechten Herrschaft der Verwalter und Manager über die Schöpfer der Originale und Innovationen, in Kunst wie Technik, Wirtschaft, Gesellschaft und anderswo.

Sie sind aber »the end of the beginning«, wie Churchill sagte. Künstler und Innovatoren werden selbstbewusst. Kunden anspruchsvoller. Konserven reichen nicht mehr. Es muss frisch, live, echt gekocht werden. Was sich da zusammenbraut, verheißt nichts Gutes für das, was sich selbst »Industrie« nennt – eine wirtschaftliche Form, die nichts anderes kann, als immer billiger und immer mehr zu kopieren. Menschen im Wohlstand wollen gesehen, beachtet und als Persönlichkeit wahrgenommen werden. Sie nehmen auch ihre Produkte und die damit verbundenen Dienstleistungen persönlich. Das ändert das Spiel so grundlegend, dass viele sich gar nicht erst darauf einlassen, die damit verbundenen neuen Regeln verstehen zu lernen. Das ist keine ganz leichte Übung, und es ist keineswegs auszuschließen, dass wir auf der Suche nach dem Echten gelegentlich auf Irrwege geraten, falsche Abzweigungen nehmen und uns täuschen lassen. Das aber müssen wir wohl in Kauf nehmen. Fangen wir an.

Echter Charakter

Vor einigen Jahren veröffentlichte die Autorin und Hochschuldozentin Alexandra Hildebrandt einen Kommentar zum Thema »Charakter am Arbeitsplatz: Warum wir uns nach dem Echten sehnen«.[8] Dieses kluge Stück stellt einen wichtigen Zusammenhang her zwischen Echtheit und Charakter. Das aus der Mode gekommene Wort »Charakter« bedeutet im Altgriechischen so viel wie »Prägung« oder »Prägestempel«, beim Menschen also jene »persönlichen Kompetenzen, die die Voraussetzung für ein moralisches Verhalten bilden«.[9] Vielleicht ist das ein wenig zu großzügig, die Sache mit dem moralischen Verhalten. Fest steht, dass der Charakter das ist, was einen Menschen auszeichnet, unverwechselbar macht.

Der Managementforscher Warren Bennis meinte sogar, dass Leadership, die Fähigkeit, mehr zu sein als ein Manager, nämlich ein Anführer, vor allem eine Charakterfrage sei. »Die Kernkompetenz zur Führung ist Charakter«[10], so Bennis. In seiner in der Organisationstheorie populären Gegenüberstellung der Eigenschaften eines Managers zu denen eines Anführers stellt Bennis fest: Manager verwalten, erhalten und sind eine Kopie. Anführer hingegen erneuern, entwickeln und sind Originale. Der Charakter einer Sache wie eines Menschen ist gleichbedeutend mit seiner Unverwechselbarkeit. Der Charakter – das Echte, das Einzigartige –gibt uns Orientierung, erhellt Zusammenhänge, setzt Handlungen und Verhalten in einen Kontext zu unserem eigenen Leben. Das Echte ist ein Kompass, eine Leitlinie. Dabei geht es nicht darum, dass wir uns alle immer mit dem Charakter, der Originalität einer Sache anfreunden müssen. Moralisches Verhalten kann ja gut oder schlecht sein. Wichtig für uns ist aber, dass dieses Verhalten einschätzbar wird, weil es kenntlich ist. Auch der schlechte Charakter einer Führungskraft ist ein Original – eines, das uns davor warnt, mit ihr zusammenzuarbeiten.

Hildebrandt vermisst die guten und schlechten Charaktere gleichermaßen, sie schreibt: »Einen Charakter zu haben, hieß für Philosophen wie Immanuel Kant, nach festen Grundsätzen zu handeln und ›nicht wie in einem Mückenschwarm bald hierhin, bald dahin abspringen‹. Menschen mit Eigenschaften sterben im Zeitalter der Globalisierung und Digitalisierung immer mehr aus, während gleichzeitig profillose Aufsteiger nachwachsen.«[11] Der Gesellschaft und dem Management fehlten »Menschen mit Charakter, die unerschrocken für ihre Themen einstehen, mutig und berechenbar sind, die zu ihren Fehlern stehen und auch mal anecken, deren Konturen klar und nicht verwaschen sind. Das macht sie zuweilen auch angreifbar. Aber das ist der Preis, der für Echtes bezahlt werden muss. Wer erkennbar sein will und auch andere bewegt, ein authentisches und engagiertes Leben zu führen, nimmt das gern in Kauf.«

Das ist eine vertraute Klage, und sie ist mehr als berechtigt. Auch unter denen, die behaupten, dass sie sich für die radikale Transformation einsetzen, finden sich immer mehr Zitiermaschinen, die, egal ob m, w oder d, die immer gleichen Phrasen gut geschminkt und ausgeleuchtet wiederholen. Netzwerke wie LinkedIn sind voll mit glatten, charakterlosen Absichtserklärungen, die in der Regel voneinander abgeschrieben sind. Es geht nicht mehr darum, was man sagt, sondern wie man dabei rüberkommt. Das ist eine Fälschung der besonderen Art, auf die wir noch oft eingehen werden, denn sie legt nicht nur andere rein und entwertet den meist wichtigen Hintergrund des Gesagten, sondern auch sich selbst. Und Selbstbetrug ist die schlimmste Fälschung von allen.

Aber das ist kein Wunder in einer Welt, in der schon Schulkinder darauf getrimmt werden, dass ihre Präsentation »professionell rüberkommt«. Es geht um die Inszenierung, um das Theater. Der neue Konformismus ist perfider als der alte: Er steckt die kleinen Mitläufer nicht in graue Kittel in düstere Arbeitslager, ans Fließband und in feuchte Hinterhöfe – er lässt seinen Betrug gut aussehen. Der Verblendungszusammenhang der Kulturindustrie, die Theodor Adorno und Max Horkheimer im Jahr 1944 in ihrer *Dialektik der Aufklärung* erkannten,[12] ist zum wichtigsten Produktionsmittel der späten Konsumgesellschaft geworden, in der allen Persönlichkeit versprochen wird und die zugleich häufig völlig charakterlos daherkommt. Was Adorno und Horkheimer vor dem Hintergrund des Faschismus erkannten, wiederholt sich, weil niemand sich die Mühe gemacht hat, den Menschen beizubringen, ihr eigenes Leben mit nüchternen Augen anzusehen.

Statt auf ihre Einzigartigkeit stolz zu sein und etwas daraus zu machen, lernen sie, dass sie sich gefälligst einzuordnen haben. Sie sind Mückenschwarm statt gelebtem Original.

Change-Washing, Greenwashing

Mit Begriffen wie »echt«, »authentisch«, »einzigartig«, »einmalig« und »original« wurde und wird viel Schindluder getrieben. Deshalb wird es hier darum gehen, zum Teil sehr verstellte Begriffe in ihrer realen, echten Bedeutung erkennbar zu machen.

Es gibt Greenwashing, das so heißt, weil Unternehmen, Politiker und Lobbyisten, die gar nichts Ökologisches im Sinn haben, sich als überzeugte Weltretter geben – was eine Zeit lang klappt, aber die Glaubwürdigkeit der Institutionen auf lange Sicht völlig zerstört. Wer kennt schon die Hintergründe der unzähligen Biozertifikate, Herkunftsgarantien, der ganzen »Naturrein«-Beteuerungen, die auf immer mehr Lebensmitteln prangen? Dabei ist der Anteil der Biolebensmittel tatsächlich viel kleiner, als Marketing und Werbung behaupten. Im Jahr 2011 waren 4,1 Prozent des Gesamtumsatzes an Lebensmitteln in Deutschland echtes Bio, aus nachweislich biologischer Landwirtschaft, 2022 ganze 7 Prozent.[13] Ähnliche Effekte sehen wir auch in jenem Change-Washing, bei dem alle im Unternehmen für Veränderung, Diversity, offene Gesellschaft und neues Arbeiten sind, solange die Leute das nicht im Homeoffice, also ohne Kontrolle und ohne Meetings tun.

Dann gibt es noch die Manipulation des Echten und Einzigartigen an sich, des Persönlichen. Wir erleben das im Internet täglich, in den sozialen Medien, in der Werbung, auf Instagram. Es ist diese Selfie-Kultur, die nichts mit Individualität zu tun hat, aber vortäuscht, etwas Einmaliges, Einzigartiges zu zeigen. Das erinnert an das Bonmot, dass wir alle unterschiedlich sind, so wie alle anderen auch. In den sozialen Medien hat man sich überwiegend dazu entschlossen, sein Original nach den Vorlieben und Vorgaben anderer zu gestalten. Selfie-Menschen wollen geliebt werden. Sie tun, was man von ihnen erwartet. Ist das echt? Oder kann das weg?

Nun gehört, machen wir uns nichts vor, das Falsche zum Echten, seit jeher. Und das Aufspüren des »echten« Echts ist keineswegs banal. Es kostet Kraft, braucht viel Vernunft und Energie. Das Echte ist von jeher schwer zu bestimmen. Wir lernen gerade auf die harte Tour, mit den neuen Fälschungen umzugehen, die uns als Fake News und Manipulationen aller Art überrollen. In diesem globalen Konflikt geht es durchaus um zwei Begriffe, die in den vergangenen Jahrzehnten immer wieder aufgeweicht wurden: um Richtig und Falsch.

Es gibt keinen besseren Zeitpunkt für die Klärung der Bedeutung des Echten als heute, da Putins, Xis und Trumps Trolle vermeintliche Triumphe feiern. Die Botschaft ist doch klar – genauso wie das Ziel dieses Buchs: Wir wollen wieder lernen, das Original zu schätzen, und mehr noch, es großzumachen, denn das braucht die Welt wirklich. Eine gemeinsame Aktion, ein gemeinsames Zusammenarbeiten, um das Echte vom Falschen klarer zu unterscheiden. Das ist eine soziale, kulturelle, ökonomische, ethische und technische Herausforderung.

Wer sich kein X für ein U vormachen lassen möchte, muss nur genau hinsehen – diese Redewendung bezieht sich übrigens auf den Buchstaben U, der im Lateinischen als V erscheint, was gleichsam auch die Ziffer 5 meint. Das X wiederum steht für die 10. Verlängert man die Striche des V einfach nach unten, dann wird daraus ein X, der Wert verdoppelt sich. Das machten sich Betrüger zunutze.

Freilich sind die Verlängerungsstriche, die aus dem Original V einen falschen Zehner machen, erkennbar,[14] und so ist das auch geblieben, selbst wenn die Betrüger heute mit allen digitalen Wassern gewaschen sind. Genaues Hinsehen, kritisches Zweifeln, lässt uns erkennen, was echt ist oder nicht.

Wenn hier von Authentizität, Echtheit, die Rede ist, dann ist also eben nicht jene aufgesetzte Attitüde gemeint, die uns heute aus Instagram, Tiktok und Talkshows anspringt. Wir meinen nicht das So-als-ob.

Wenn hier Echtheit steht, dann meint dies das Handfeste, das Livekonzert, das wirkliche Leben, das Materielle, die Realität, die keine beliebige Konstruktion ist und keine unverbindliche Größe. Sondern: Qualität. Dieses Wort steht nicht für immer mehr, sondern für immer besser. Echte Fortschritte durch echte Innovationen, die unser Leben verbessern – denn dabei ist immer noch sehr viel zu tun. Echte Teilhabe und Chancen, keine Marketing-Fakes und keine hohlen politischen Versprechen einer besseren Zukunft.

Echt ist, wenn geliefert wird. Echt ist, wenn dann auch kommt, was wir erwartet haben – mindestens das oder gar etwas Besseres.

Im Wohlstand haben wir vergessen, dass wir uns darum kümmern müssen, was hinter der Fata Morgana liegt, jenseits der Konsumgesellschaft, der ungelösten Probleme des Sozialstaats, unserer Innovationsunfähigkeit, unserer Abneigung gegen Veränderung, unserer Neufeindlichkeit als kulturelles Prinzip. Im Wohlstand haben wir vergessen, »was Sache ist« – eine kluge umgangssprachliche Phrase, denn darum geht es.

Das Originale, die Wahrheit und das Echte

Wir haben jahrelang als Gesellschaft von der Substanz gelebt. Kopien geduldet. Nachgemacht, geklaut, plagiiert. Abgewartet und gerücksichtelt. Originalität ist einer, nein, der zentrale Unternehmenswert schlechthin. Ihren Charakter nicht wegen billiger Erwägungen jeden Tag dreimal einfach so aufzugeben, ist die Verpflichtung jeder Marke.

Wir leben in einer digitalen Wissensökonomie, deren Erfolg davon abhängt, dass die große Mehrheit der Menschen in ihr Hochachtung hat vor Ideen, Innovationen und geistigem Eigentum – und damit auch vor den Urhebern der Ideen, Dienstleistungen, Methoden und Produkte, die uns von anderen positiv abheben und unseren Wohlstand begründen.

Eine der Vorstellungen, die zwischen uns und einer klareren Sicht auf den Begriff des Echten steht, ist die der Wahrheit. Sie ist ein menschlicher, kultureller, philosophischer Schlüsselbegriff. Aber taugt er, um unsere Suche nach dem Echten zu unterstützen? Fragen wir also nach: »Was ist Wahrheit, ChatGPT?«

Die Wahrheit ist ein Konzept, das sich auf die Übereinstimmung oder Korrektheit einer Aussage, eines Fakts oder einer Information mit der Realität bezieht. Es geht darum, dass etwas tatsächlich so ist, wie es behauptet wird, und dass es objektiv nachweisbar oder verifizierbar ist. Die Wahrheit kann auf verschiedenen Ebenen existieren, wie zum Beispiel in wissenschaftlichen Erkenntnissen, historischen

Fakten oder persönlichen Erfahrungen. Es ist wichtig zu beachten, dass die Wahrheit manchmal subjektiv sein kann, insbesondere wenn es um persönliche Meinungen oder Interpretationen geht. In solchen Fällen kann die Wahrheit von Person zu Person unterschiedlich sein. Die Suche nach der Wahrheit ist ein grundlegender Bestandteil des menschlichen Denkens und der Erkenntnis.[15]

Fassen wir das mal zusammen: Wahrheit ist nicht das, was wir meinen, und Wahrheit ist nicht, was wir glauben. Wahrheit ist, was sich beweisen lässt. Wahrheit ist ein Stoff, der aus Realität besteht, aus Wirklichkeit, und diese Wirklichkeit bleibt beständig, sie läuft nicht ein, wenn wir sie mit Zweifeln und Kritik beträufeln. Das ist die echte Wahrheit. Und dann gibt es noch das, was wir nur dafür halten, den Mix aus Erfahrungen, Vorurteilen, Hoffnungen, Wünschen, Interessen, die Welt des Subjektiven. Bei der Frage nach der Bedeutung des Echten und des Originals im Zeitalter der Kopien und der Täuschung ist es wichtig, dass wir beides streng auseinanderhalten – aber nicht der Illusion unterliegen, dass es so etwas wie eine »reine Wahrheit« geben könnte. In den Worten von ChatGPT:

Die Suche nach der Wahrheit ist ein grundlegender Bestandteil des menschlichen Denkens und der Erkenntnis.

Das steht hier nicht einfach so. Es ist, nun ja, die Wahrheit, die wirklich wahre in diesem Fall. Die Vorstellung, dass es abgeschlossene Wahrheiten gibt, ist immer verbunden mit dem Begriff des Dogmas, also der Unfehlbarkeit. Deshalb hat der Kybernetiker und Philosoph Heinz von Foerster den Satz »Wahrheit ist die Erfindung eines Lügners«[16] festgehalten.

Dogmen gibt es, damit das Falsche nicht vom Echten belästigt wird. Zum Dogma gehört die Strafe, wenn wir danach fragen, wie es denn wirklich sein könnte oder – ein Frevel sondergleichen – wie es wirklich ist. Für solche Fragen wurden unzählige Menschen ermordet und werden es noch immer. Den Tyrannen und ihren zahlreichen Mitläufern in aller Welt wollen wir aber in diesen Zeiten und an dieser Stelle eine Grundwahrheit mit auf den Weg geben.

Dem aufgeklärten Naturwissenschaftler Heinz von Foerster ging es darum, der allzu weichen »Wahrheit« etwas entgegenzustellen, was man als echte Wahrheiten im Sinne der Aufklärung verstehen kann. Echt sind die Realitäten, die die Naturwissenschaften vermessen.

Es gibt echtes Echtes. Und es gibt Echtes, das ich dafür halte, weil ich das so will. Das ist mit der Wahrheit genauso: Es gibt Wissen, das beweisbar ist, kritisch beleuchtet werden kann und Zweifel aushält. Und es gibt Glauben, der durchaus legitim ist, sich aber eben nicht auf dieselbe Stufe stellen kann. Er ist nicht weniger und nicht mehr wert. Schwierig wird es aber immer dann, wenn das, was wir für wahr halten wollen, mit der Realität zusammentrifft.

Die Realität

Was ist und was nicht, lässt sich berechnen und einwandfrei beweisen. Es ist kein Zufall, dass uns in vielen Fällen, in denen wir nach der Wahrheit suchen, die Naturwissenschaften zur Seite stehen. Scanner liefern genaue Daten über die Materialbeschaffenheit einer Statue, die sich als antik ausgibt, tatsächlich aber erst letzte Woche irgendwo in einem Hinterhof produziert wurde. Chemische und physikalische Analysen fördern zutage, ob wir es mit echtem Geld oder mit Blüten zu tun haben. Schwindler wie der berüchtigte Hitler-Tagebücher-Fälscher Konrad Kujau und der hochbegabte Kunstfälscher Wolfgang Beltracchi stolpern über eine schlampige Materialwahl – mal Kugelschreiber, die es im Dritten Reich nicht gab, oder ein bestimmtes Weiß, dessen Zusammensetzung zu der Zeit, in der die echten Meister ihre Werke schufen, nicht verfügbar war.

Dass aber die Naturwissenschaft überhaupt eingreifen kann, liegt erst einmal daran, dass jemand am Gewohnten und allgemein bereits Anerkannten zweifelt. Es gibt Menschen, die mehr als andere nach der Wahrheit suchen, und viele von ihnen sind in dem Thema, in dem sie ihre Kritikfähigkeit üben, ziemlich sattelfest. »Irgendwas kann da nicht stimmen«, dieser Anfangsverdacht bringt Fragen mit sich, die, wenn sie ihren Namen verdienen und nicht bloß aus Unwissenheit gestellt werden, zu einer Erhellung führen, jener Aufklärung also, die im Englischen »Enlightenment« heißt, ein wunderbares Bild: Dinge und Sachverhalte werden »ins rechte Licht gerückt«, aus den dunklen Kaschemmen der Vermutung in die strahlende Sonne geholt, die alles erhellt, auch die Macken, Fehler, Fälschungstricks und Lügen.

Die Naturwissenschaft hat ihre Wahrheit. Diese Wahrheit nennen wir Realität.

Natürlich kann man soziale und kulturelle Phänomene und das Leben an sich nicht nur aus der Perspektive der Naturwissenschaften leben. Aber diese Frage »im Hinterkopf« zu behalten, wenn wir nach dem Wert des Echten schauen, ist hilfreich. Es hält schon mal jene Esoterik klein und vielleicht sogar fern, die im Echten eine Rückkehr in die »guten alten Zeiten« erkennen will. Daran ist nichts richtig.

Wenn wir aber das Echte das Erstrebenswerte nennen, das, was wir wollen, ersehnen, erhoffen, dann ändert sich die Perspektive auf die Realität. Wir können »unsere Beziehungen mit nüchternen Augen«[17] ansehen, wie Karl Marx und Friedrich Engels schreiben, ohne dass daraus ein kalter Blick wird. Das Echte ist das, was uns mit der Wirklichkeit verbindet, was uns erdet, orientiert.

Das Echte ist also nicht nur die Idee, die Kreation, die Innovation, das Patent, die Urheberschaft. Das Original ist, weil es einzigartig ist, auch eine, wenn nicht sogar die zentrale Orientierungsleistung in einer undurchschaubaren Welt. Es ist die Realität, die uns in Politik, Alltag, Unternehmen, Partnerschaft und Medien so abhandengekommen scheint. Es ist das, was selbst Plagiaten, Interpretationen, Diebstählen standhält, weil es der Rest dessen ist auf dieser Welt, auf den wir uns noch verlassen können.

In seiner Rede »Wenn man ein Universum aufbaut, das nicht zwei Tage später auseinanderfällt« sagte der Autor Philip K. Dick im Jahr 1978 den großartigen Satz: »Die Realität ist das, was nicht weggeht, auch wenn man nicht daran glaubt.«[18]

Das Zuverlässige

Das Echte hat in Technik und Innovation, in der Aufklärung und dem kritischen Denken die besten Verbündeten. In diesem Sinne sind die Erkundungen und Fragen dieses Essays zu verstehen. Nicht, dass wir hier die Wahrheit beanspruchen. Aber dass das Echte, das Einzigartige, eben genau das ist, was wir Realität nennen, und dass es nicht weggeht, weil Ideologien, Politik, Ökonomie und eine Kultur, die immer nur nach dem Immergleichen giert, das so wollen, ist ein Fakt. Das echte Echte ist das, was nicht weggeht, auch wenn man nicht daran glaubt.

Schlägt man den Begriff »Realität« auf Wikipedia nach, findet man sich unvermittelt in den Ursachen für diese anhaltenden Scharmützel wieder, die eine große Rolle spielen, wenn wir heute über Begriffe wie echt und falsch sprechen – und damit immer auch über Wahrheit und Lüge. Ohne an dieser Schlacht teilnehmen zu wollen, gehen wir einmal das Wichtigste in aller Kürze durch. »Als real gilt zum einen etwas, das keine Illusion ist und nicht von den Wünschen oder Überzeugungen einer einzelnen Person abhängig ist.«[19] Die Realität ist weder ein Traum noch eine individuelle Vorstellung, sondern etwas, das »in Wahrheit so ist, wie es erscheint«, bzw. dem bestimmte Eigenschaften ›robust‹ – also nicht nur in einer Hinsicht und nicht nur vorübergehend – zukommen«.

Genau hier machen die Autoren des enzyklopädischen Beitrags einen Hinweis auf einen weiteren Begriff, der sich auf Wikipedia findet, nämlich die von uns bereits angeführte Authentizität, die Echtheit. Das »Verbürgte« und »Zuverlässige« sind das Echte. Und die Realität, die nicht weggeht, auch wenn wir etwas anderes glauben, eben jene Sache und jener Sachverhalt, die sich beweisen lassen und vor einer Überprüfung nicht zurückschrecken. Womit wir wieder bei der Kritikfähigkeit wären, der wichtigsten Methode zur Echtheitsüberprüfung überhaupt: »Authentizität bezeichnet eine kritische Qualität von Wahrnehmungsinhalten«,[20] schreibt Wikipedia weiter.

Die »echte Realität« ist eine, die sich als solche einwandfrei beweisen lässt. Sie ist unabhängig davon, was wir glauben, woran und mit wem, in welcher Bubble wir leben und denken, welche Partei und welchen Geschmack wir bevorzugen, und zwar für alle Menschen, die willens und in der Lage sind, objektive Kriterien als solche auch zu erkennen.

Ob ein Zitat echt gut ist, erweist sich erst im Lauf der Zeit, und Philip K. Dicks Feststellung beweist sich heute. Ganz ähnlich ist es mit einem zweiten Leitsatz für unsere Fragen nach dem Echten und Einzigartigen in einer Welt der Kopien: Es gibt kein richtiges Leben im falschen. Adornos berühmte Phrase wird gern zitiert, wenn es um die Moral geht, also oft. Das liegt vielleicht daran, dass er ihn in seiner *Minima Moralia* niedergeschrieben hat.

Aber was heißt das denn nun wirklich? Wenn wir es so lesen, dass Lügen, Täuschen, Fälschen und Nachmachen, Klauen und Plagiieren moralisch falsch sind und deshalb die Täter nicht glücklich werden, dann stimmt das mit unseren Alltagserfahrungen nicht überein. Denn viele von uns erleben, dass diejenigen Karriere machen, die tricksen und tarnen und täuschen, deren Wort wenig wert ist und die, natürlich, das geistige Eigentum anderer nur wertschätzen, wenn ihnen das irgendwann der gegnerische Anwalt empfiehlt.

Die List

Schon die ganz alten Geschichten scheinen Adorno zu widerlegen. Sie sind voller List und Täuschung, Lug und Betrug. Nehmen wir mal den Olymp, das Götterresort des alten Griechenlands: Zeus, Hera, Aphrodite und Co. tricksen einander ständig aus und verwandeln ihre Gestalt. Die Götter sind nicht, was sie zu sein vorgeben, sie leben ständig ein richtiges Leben im falschen. Doch auch hier lohnt sich ein zweiter Blick. Die griechische Götterwelt ist noch keineswegs so sakrosankt wie ihre monotheistischen Nachfolger. Gott und Allah sind Alleinherrscher. Im Olymp hingegen geht es eher zu wie in einem neuzeitlichen Konzern. Es gibt zwar einen CEO, Zeus, aber der wird vom mittleren Management, einschließlich der eigenen Gattin, Hera, ständig betrogen und reingelegt. Bilanzen werden gefälscht, die eigenen Leistungen schöngeredet und die der anderen schlecht, und niemand gönnt irgendwem im ganzen Götterverein auch nur das Schwarze unterm Fingernagel.

Das Interessante an den griechischen Göttern ist, dass sich in ihnen die Wirklichkeit menschlicher Gemeinschaften spiegelt. Sie sind einerseits Legitimation, wenn es um Macht und Machtspielchen geht, und andererseits eine Ausrede für all die Sterblichen, wenn es um die Frage der eigenen Falschheit und Fehlbarkeit geht. Die Diversität der griechischen Götterwelt ist demokratischer und vielfältiger, als wir meinen.

Nicht sie, die oben im Olymp wohnen, sind die Wahren und Echten, sondern die Helden, die aus Fleisch und Blut bestehen – Odysseus etwa – und die stolz ihre Identität verteidigen, ihre Echtheit, ihre Ziele, ihre Unverwechselbarkeit, kurz: ihre Persönlichkeit. Sie sind, was sie sind, und sie verstellen sich nicht, von Finten und taktischen Manövern in Notlagen mal abgesehen. Sie haben eine eigene Identität, sie müssen sich keine leihen, und sie brauchen keine Fetische oder Reliquien, um ihre Präsenz zu zeigen. Sie leben ein richtiges Leben.

Das ist anstrengend. Aber dafür werden die Helden bewundert, wie sie da stehen und nicht anders können, weil sie gar nicht anders wollen. Echtheit und Einzigartigkeit sind Eigensinn.

In unserer Welt steht das Wort »Originale« auch für Leute, die tun, was sie für richtig halten. Das ist eine spannende Interpretation von Eigensinn, die ja sonst oft mit dem wenig geliebten Starrsinn, der Sturheit, zusammenfällt. Doch wenn man Eigen-Sinn mit einem Bindestrich schreibt, wird schon klarer, wie die Verbindung zum Echten ist.

Das Original

Was ist eigentlich ein Original? Die Antwort ist auf den ersten Blick einfach: Das, was als Erstes seiner Art da war. Johann Wolfgang von Goethes Gedicht »Der Zauberlehrling« ist ein Original. Die *Mona Lisa* Leonardo da Vincis ist eines. Oder eine Idee, die als Gedanke verbreitet wird, eine Maschine, die etwas kann, was keine vorher konnte. Originale sind etwas, was es nie zuvor gegeben hat. Sie sind einzigartig und zum Zeitpunkt ihres Erscheinens neu.

In der wirklichen, in der materiellen Welt spiegeln sich all jene sozialen und kulturellen Wertvorstellungen, die uns täglich leiten und unser Handeln bestimmen. Das Echte war von jeher das Besondere, das Herausragende, das, was sich nicht durch List, Trug und Nachahmung seiner Kraft berauben ließ. Und das hat, siehe ChatGPTs letzte Einsicht, einfach auch damit zu tun, dass es anstrengend sein kann, das Echte vom Falschen zu unterscheiden, zum Original zu greifen statt zur Kopie, zum Authentischen statt zur wohlfeilen Ersatzbefriedigung.

In den vergangenen Jahren hat sich zu dem reichen Repertoire an Modewörtern der »Purpose« hinzugesellt. Purpose bedeutet zunächst einmal so viel wie Nutzen, Zweck, aber das erfasst die Sache nicht vollständig. Es geht eher um die Suche nach dem Sinn, so wird die Purpose-Frage verstanden.

Der Sinn

Das Wort Sinn ist ziemlich vorbelastet. Unzählige Scharlatane missbrauchen solche Begriffe gewohnheitsmäßig, und sie verbinden ihren Betrug immer mit falschen Versprechungen: Wir geben euch Sinn, wo ihr keinen seht. Wir machen euch glücklich, fröhlich, gesund und unsterblich. Wir machen euch zu Stars, zu Persönlichkeiten. Nach unserem Seminar seid ihr vollkommen authentisch.

Die Rolle der einst mächtigen Religionen, die den gesamten kulturellen Raum so ausgefüllt haben, dass in ihm kein Platz mehr zum Atmen war, haben längst Nachfolger, die in unzähligen Ausprägungsformen die Heilversprechen der alten Dogmen wiederholen. Sie füllen nicht nur den Raum, sondern jede Nische aus. Ihr Geschäftsmodell ist nicht besser als das, was ihre ideellen Vorgänger betreiben: Es sind Sinnverhökerer und damit Seelenverkäufer. Sie täuschen Echtheit vor, wo nur Manipulation ist.

Sinn, das ist vielleicht das Wichtigste, wird persönlich erlebt. Was für die eine »Sinn macht«, ist dem anderen ganz gleichgültig. Es geht also immer um den persönlichen Kontext, den Zusammenhang, der Sinn stiftet. Wenn jemand nach einem langen Brainstorming endlich eine Idee hat, die ein offenes Problem löst – vielleicht auch nur in Teilen –, dann »macht das Sinn«, wie wir sagen. Das »Machen« in dieser Phrase ist wichtig: Denn was Sinn macht, ein Problem löst, das schaffen wir ja mit unserem Kopf. Wir konstruieren es auf dem bedeutendsten Reißbrett der Geschichte, dem menschlichen Geist. Und es gibt nichts Persönlicheres als den eigenen Verstand.

Damit haben wir aber ein Problem, kulturell und sozial. Denn was im Kopf des einen ist, muss von anderen verstanden werden. Es muss kompatibel gemacht werden – oder es von Anfang an sein – mit dem, was für andere Sinn macht. Dabei wird aber eben nicht alles gleichgemacht, es scheint nur so. Damit entstehen im Grunde so viele Sinn-Interpretationen, wie es Empfänger gibt.

Passt das zur Massengesellschaft, zur Kopiergesellschaft der Konsumwelt und des Industrialismus? Die sieht doch die Individualität von Menschen als lästiges Hindernis für ihre bessere Verwaltbarkeit und benutzt das Wort bestenfalls als Marketinggag. Im Mittelpunkt steht immer jenes Menschenbild, bei dem nicht zählt, was Menschen wollen, sondern das, was sie sollen. Das wiederum wirkt wie Gift auf Innovation, Erfindergeist, Originalität und das Echte an sich. Die Botschaft lautet immer: Mach mit! Tu, was die anderen tun! Denke, was die denken!

Die Sinnfrage rührt in einer wohlhabenden Gesellschaft, in der es sich einige leisten können, darüber nachzudenken, was sie hier eigentlich machen, an deren Grundfesten. Was ist echt, was ist das richtige Leben? Es sind die Fragen, die sich eine verunsicherte Wohlstandsgesellschaft seit Langem stellt, erst recht vor dem Hintergrund der Multikrisen unserer Zeit. Die Fragen nach dem Echten sind also auch: Woran können wir uns festhalten, orientieren, wenn die Welt der Fakes nicht mehr trägt? Wer gibt uns Halt?

Fake it till you make it

Italien ist das meistbesuchte Land der Welt, der Tourismus trägt 13 Prozent zu seinem Bruttoinlandsprodukt bei. Seit mehr als zweihundert Jahren währt nun der Erfolg der Fremdenverkehrsnation. Welche Industrie kann sich mit Blick auf die Lebensdauer damit vergleichen? Und welche Wertschöpfung wirft das ab? Wie viele Menschen würden nach Italien fahren, gäbe es dort nicht die Kunstwerke Leonardos, Giottos, Botticellis, die Kunst der Architektur und Stadtplanung? Was wäre Rom ohne seine einzigartigen Monumente? Was ist Paris ohne Eiffelturm, ohne Louvre, London ohne Tower, Big Ben und Tate Gallery, British Museum und Buckingham Palace? Was ist New York ohne seine Skyline und das, was unverwechselbar in ihrem Schatten geschieht? Die Leute wollen nicht in »eine Stadt«, sie wollen nach San Francisco, Tokio, Wien oder Berlin. Sie wollen nicht in ein Konzert der Taylor-Swift-Lookalike-Band, es sei denn, sie kommen überhaupt nicht raus aus ihrem Kaff und es ist auch sonst nix los.

Die Leute wollen keine Sneakers, und sie wollen eigentlich auch keine Fakes aus dem Internetshop, die statt 500 Euro für die Hälfte zu haben sind, sie wollen Adidas. Die Leute wollen keinen Regenmantel, sondern Burberry, kein Auto, sondern Tesla oder Mercedes, keinen Computer, sondern Apple, kein Handy, sondern ein iPhone. Das ist das Ziel. Wenn das nicht geht, kann es auch Gelsenkirchen sein, das No-Name-Handy, irgendwas von H&M. Zur Not. Die Industrieprodukte, die Kopien, die Me-toos sind Trostpreise – und im Grunde machen sie uns trostlos.

Der Schaden, den Produktfälschungen anrichten, mit denen wir uns noch beschäftigen werden, ist nicht nur finanzieller Natur. Der Schaden besteht in einem kulturellen Lernen, das sich im populären Satz zeigt: »Fake it till you make it.« Solange es eigentlich nicht geht, musst du so tun als ob, es fälschen, die Kopie, die Nachahmung nutzen.

»Fake it till you make it« legt nahe, dass wir mühelos Respekt und Anerkennung bekommen können, jene zentralen Sehnsüchte der Menschen in einer Aufmerksamkeitsökonomie. Oh, du hast diese Schuhe! Diese Klamotten! Die Konsumgesellschaft hat uns beigebracht, dass wir uns alles leisten können, auch das, was uns ruiniert. Teure Autos kann man leasen, teure Häuser auf Pump kaufen, solange man jedenfalls die Raten zahlen kann. Der grenzenlose Zugriff, »Access« hat es der US-amerikanische Zukunftsforscher Jeremy Rifkin genannt,[21] ist gut für den Absatz, wenn nichts passiert. Er hält die Leute überdies in einem Leben, in dem der Fake nicht mehr als Betrug gilt, sondern als kulturelle Regel, wie man es richtig macht.

Alle machen mit: Die Leute, weil sie was wollen, was sie sich nicht leisten können, der Staat, der dann, wenn die ganze Chose mit dem Leben-als-ob zusammenbricht, die Kosten auf andere, die das nicht tun, überwälzt – in nichts anderem bestanden etwa die staatlichen Rettungsaktionen in der Finanzkrise 2008. »Fake it till you make it« ist auch das Geschäftsprinzip von Staaten wie Deutschland und Österreich, die ihre Sozialsystemreformen seit Jahrzehnten verschleppen, weil das Echte, das Wirkliche, die gute alte Realität in Form der Kostenwahrheit, nicht an die empfindlichen Wähler herangetragen werden darf.

»Fake it till you make it« ist eine zentrale politische Vision, um Zeit zu gewinnen, sich rüberzuretten, noch mal gewählt zu werden. Doch, um mit Bertolt Brecht zu sprechen, die Illusionen sind verbraucht. Das aber ist, entgegen allen Schwanengesängen der Kulturpessimisten, Soziologen und Medienleute, kein Zeichen für den Untergang, sondern für eine Wende, eine echte Transformation, eine Verwandlung. Denn alle Illusionen, Fakes, Selbstbetrügereien, die uns entgegenströmen, haben ja eine gemeinsame und durchaus tragfähige Basis: die Suche nach dem Echten, nach sich selbst. Das entspricht allen Vorhersagen, die im 20. Jahrhundert getroffen wurden, als sich die Menschheit unter Mühen und unter schlimmsten Rückfällen insgesamt doch verbessert hat. Wo mehr Wohlstand und Entwicklung sind, wird die Frage nach dem Echten, dem Eigentlichen, dem Einzigartigen zentral.

Dazu kommt, dass die dynamischen Kräfte der Wirtschaft heute Wissensökonomien sind – Wissensunternehmen, bei denen es darum geht, gründlich, kritisch, lange und tief nachzudenken, bis man ein Produkt, sei es nun ein Gut, eine Ware oder eine Dienstleistung, ein Algorithmus oder eine Methode, auf den Markt bringt. Die digitale Wissensarbeit ist harte, teure Arbeit, die uns echte Anstrengungen und den Abgang von Routinen in Denken und Schaffen abverlangt. In der klassischen Konsumgesellschaft, der höchsten Ausbaustufe des Industriekapitalismus, geht es eigentlich nur noch darum, Masse herzustellen, Kopien.

Es ist die Kopiergesellschaft schlechthin, in der wie verrückt Me-Toos und Varianten erzeugt werden, aber nichts eigentlich Neues, nichts eigentlich Unterschiedliches. Nichts ist mehr originär, jede kleinste Designänderung wird als Durchbruch und Revolution gefeiert. So schaukelt sich der Konsumismus in seinen letzten Zügen noch einmal hoch, damit der Absatz an Fakes nicht zusammenbricht. Aber niemand wagt sich so recht daran, das zu ändern, denn wir haben uns so lange und so gründlich an der Nase herumgeführt, dass wir aus dem ganzen Mist gar nicht mehr so ohne Weiteres herauskommen.

Wo, wie in der Massenproduktion, Kopien die eigentlichen Werte geworden sind, gibt es kein Entrinnen ins Echte – nur harte Übergänge. Jeder Betriebswirtschaftsstudent hat früher die Geschichte gehört, in der ein kleiner Kaufmann, der seinen Tante-Emma-Laden führt, versucht, aus dem Schlamassel herauszukommen. Er macht einfach mehr von dem, was er immer gemacht hat – also das, was ihn eigentlich in Schwierigkeiten brachte. Es geht fleißig in den Untergang.

Das macht es für die Politik, die wiedergewählt werden will, nicht nur in Sachen Energiewende und Transformation so schwer, den Fakes tatsächlich ein Ende zu setzen. Und bei den Sozialsystemen ist es, verschärft durch die demografische Entwicklung, ja nicht besser. So verhalten wir uns als Gesellschaft schon lange, jede und jeder Einzelne von uns. Wir faken, aber wir maken es nicht. Dennoch fordern Strukturkonservative aller Lager, an diesem falschen Leistungsbild, das Quantität über Qualität stellt, festzuhalten.

Es geht nicht darum, was man tut, sondern dass man was tut. So verkommen die Arbeit, der Lebenssinn, alles Unternehmerische, jede Initiative zum Fake. Statt echter Arbeit, die uns nach vorn bringt und Probleme löst, verfangen wir uns in jenen – nach David Graeber sogenannten – Bullshitjobs, die eigentlich nur mehr Beschäftigungstherapie sind. Und natürlich merken wir das, natürlich leiden viele darunter. Sie suchen dann das Echte im Biomarkt und in der Natur, dort wo sie meinen, dass es noch zu finden wäre.

Doch das, wir werden es sehen, ist nur eine Fata Morgana.

Denn auch dieses Echte ist längst zu einem Konsumartikel geworden, beliebig formbar, belebt nur mehr durch die Behauptung, authentisch zu sein. Es geht hier um eine Grundsatzentscheidung: Wollen wir eine Gesellschaft sein, die sich entwickelt? Wollen wir Menschen, die sich entfalten können, so sein können, wie sie wollen, und nicht, wie sie sollen? Wollen wir Abziehbilder? Oder Originale?

Der Zweifel, der beste Freund des Originals

Elefanten haben keine Streifen. Sie sehen nicht aus wie Zebras. Und Zebras nicht wie Elefanten. Wir wissen das, weil wir das so gelernt haben, in der Schule, zuvor schon im Kindergarten, in Büchern, aus Fotos, in Videos – und vielleicht aus dem Zoo und damit durch eigene Anschauung so auch bestätigt bekommen haben.

Zweifelsohne müssen wir heute vorsichtig sein mit dem Satz: »Ich habe es mit eigenen Augen gesehen.« Denn nur weil wir einen Elefanten gesehen haben und ein Zebra, vielleicht eine Herde in einem Zoo, heißt das ja noch lange nicht, dass da draußen nicht irgendwo ein gestreifter Elefant sein Unwesen treibt. Könnte ja sein. Wir können über die Muster der eigenen Erfahrung, des Reality-Checks, der glaubwürdigen Quellen sprechen. Aber auch für das Echte genügt im Grunde die alte Alltagsweisheit: Ausnahmen bestätigen die Regel. Ein gestreifter Elefant macht noch keine Zebraherde.

Das echte Echte ist gar nicht so einfach zu bestimmen. Zu fast allem, was auf dieser Welt erscheint, gibt es Ähnlichkeiten, Varianten, Überschneidungen. Wir können feste Regeln, Zertifikate und Prüfverfahren einsetzen, die falsche

Annahmen als solche entlarven. Das ist eines der wichtigsten Geschäftsprinzipien der Moderne und der in ihr hochgehaltenen Naturwissenschaften. Dennoch sind die allermeisten Dinge, die wir sehen, erfahren, glauben zu kennen, das Produkt jener mit begrenztem Wissen und unvollständigen Informationen ausgestatteten Existenz, in der wir nun mal leben. Der Alltag ist Heuristik,[22] Vermutungen, die durch unsere Wahrnehmungen bestärkt werden, die sich aber auch als Irrtum herausstellen können. Die allermeisten Alltagsheuristiken sind völlig ausreichend, um durchs Leben zu kommen. Große Tiere mit einem Rüssel und riesigen Ohren sind wahrscheinlich Elefanten, schwarz-weiß gestreifte Tiere, die an Wildpferde erinnern, mutmaßlich Zebras.

Das eigentliche Problem sind Heuristiken, die auf komplexe und weniger leicht zu durchschauende Sachverhalte treffen, wie sie heute, in einer Welt mit einer Unmenge an verbreiteten Informationen und zugänglichem Wissen wie auch Scheinwissen, unweigerlich zu Fehlannahmen führen müssen. Das passiert meistens dort, wo wir keinen direkten Zugang zu den Objekten unserer Wahrnehmung haben, also etwa bestimmte Dinge nur aus dem Netz kennen, wo sie natürlich, mit digitaler Bild- und Videobearbeitung, gefälscht werden können – wie der Elefant auf dem Cover dieses Buchs. Wer nun dieses Bild sieht und nicht weiß, dass Bild- und Videobearbeitung seit Jahrzehnten, schon lange vor dem aktuellen Stand der künstlichen Intelligenz, gemacht werden konnten, wird irgendwann daran glauben, wenn er nur oft genug Bilder gestreifter Elefanten sieht. Heuristiken entstehen durch Wiederholung, und sie neigen dazu, die Fata Morgana der Alltagswahrnehmung zu sein. Sie fördern den Fake, weil wir den Kontext der Dinge, die wir betrachten, der Vorgänge, deren Zeuge wir zu sein glauben, nicht verstehen. Und es uns zu einfach machen mit dem Fortschritt: Der will verstanden werden, denn das Virtuelle, wie wir es aus den Netzwerken kennen, ist sehr real. Oder haben Sie noch nie von Cyberkriminalität gehört? Sind Sie noch nie reingelegt worden? Da haben Sie aber echt Glück gehabt.

Echt ist, wenn es teuer wird

Im Jahr 2016 ließ Netzpolitik.org eine Umfrage zum Thema Datenschutz durchführen, bei der sich zeigte, wie das Thema an Lobbys und Politik wegdelegiert wird – nach alter deutscher Sitte: Die Wähler von der Linken mit 76 Prozent, aber auch die scheinbar ideologisch ganz anders gestrickte CDU mit 71 Prozent bestellten bei der Politik einfach mehr Datenschutz. Das soll bitte schön oben geregelt werden – wir wollten doch nur schnelles Breitband. Erschreckend daran ist, dass auch die jüngere Generation der 18- bis 24-Jährigen zu 80 Prozent fordert, dass sich Politiker um den Datenschutz kümmern sollten.[23]

Wie gut dieses Auslagern der Fähigkeit, in der Digitalgesellschaft ein X von einem U unterscheiden zu können, funktioniert, zeigt eine andere Statistik, diesmal geliefert vom Bundeskriminalamt. 2007 registrierten deutsche Behörden insgesamt 34 180 Fälle von Computerkriminalität,[24] im Jahr 2022 waren es viermal mehr. Die durchschnittliche Schadenssumme liegt bei 18 000 Euro, rund 18 Millionen Fälle pro Jahr wurden dabei erkannt.[25] In Indien, sagt uns dieselbe Statistik, werden jährlich 133,5 Millionen Menschen Opfer von Internetkriminalität.

Regierungen werden ausgespäht, Kanzlerinnen und Kleinbürger. Schadsoftware legt ganze Unternehmen und Infrastrukturen lahm. Ransomware – Programme, die den Computern verschlüsseln und Lösegeld dafür verlangen, dass sie das wieder rückgängig machen, gehören zur Tagesordnung – macht gerade Unternehmen und kritische Infrastrukturbetreiber besonders erpressbar. Allein 2022 gaben rund 49 Prozent aller weltweiten Unternehmen an, bereits Opfer einer Cyberattacke geworden zu sein. In Deutschland war die Cyberkriminalität laut Statistik des Bundeskriminalamts bereits im Jahr 2020 die häufigste Form von Eigentums- und Vermögensdelikten.[26]

Um das Echte vom Falschen zu überzeugen, muss man mehr als nur zugucken und konsumieren. Es genügt nicht, sich zurückzulehnen und sich berieseln zu lassen. Wer das Echte vom Falschen unterscheiden will, braucht den Willen, genau hinzusehen – und an dem, was ist, und zwar auch nur scheinbar, zu zweifeln: Kann das sein? Ist das so?

Inventur machen

Schauen wir genauer hin. Wie so oft fängt es damit an, dass wir die Geschichte, die Entwicklung, das, was sich bisher in der menschlichen und kulturellen Evolution getan hat, betrachten. Inventurmachen ist eine hervorragende Voraussetzung, um Echtheit zu erkennen. Forscherinnen und Naturwissenschaftler machen das auch.

Sie bauen ihre Forschung und ihre Experimente, ihre Fragestellung auf der systematischen Inventur dessen auf, was wir Natur nennen, Wirklichkeit, Realität. Und zwar jene Wirklichkeit, die die Physik, die Chemie, die Biologie und all die anderen »exakten Geheimnisse der Welt«, wie Isaac Asimov sie nannte, preisgeben. Die Messkunst, im Wesentlichen ein Kind der Moderne, hilft uns dabei sehr. Wo uns simple Heuristiken austricksen, weil wir einen gestreiften Elefanten gesehen haben, ist es natürlich großartig, wenn sich irgendjemand schon mal die Mühe gemacht hat, herauszufinden, warum Elefanten in der Natur niemals gestreift vorkommen. Dazu kann man anfangen, auf der ganzen Welt zu suchen, ob es irgendwo einen gestreiften Elefanten gibt oder jemals gegeben hat. Oder die Genetik und Biotechnologie sagt uns, warum es das nicht gibt. Die zweite Methode ist natürlich die weitaus bessere, weil sie *einmal* verifiziert, also die Wahrheit, die Realität, beschreibt, und nicht jedes Mal sich alle auf der ganzen Welt einschließlich der bisherigen Erdgeschichte davon überzeugen müssen, dass es gestreifte Elefanten nicht gibt.[27]

Die mächtigsten Werkzeuge gegen das Falsche sind die Kritikfähigkeit und der Zweifel. Sie sind allerdings nur in Händen geistig entwickelter Menschen wirklich sinnvolle Instrumente. Dass man sich als Kritiker wähnt, bedeutete ja noch nie, dass man dazu auch in der Lage ist. Aber unsere (Denk-)Werkzeuge – und dazu gehören Kritik und Zweifel ganz wesentlich – haben wir immer geschaffen und entwickelt, um unsere Schwächen auszugleichen. So wie ein Hebel die mangelnde Kraft menschlicher Muskeln relativiert und uns in die Lage versetzt, weitaus größere Lasten hochzuheben, als wir es ohne Werkzeug tun könnten, so sind das kritische Denken und konstruktive Zweifeln eine Art Hebel, um das Falsche vom Richtigen zu unterscheiden. Und das gilt nicht nur für die Bereiche, in denen die Naturwissenschaften die Regeln und Gesetze vorgeben.

Und, vorweg, natürlich können diese Regeln und Gesetze verfälscht, missbraucht, zum Betrug genutzt werden. Falsche Gewichte gab es bereits, kurz nachdem die ersten standardisierten Maßgewichte in der Antike eingesetzt wurden. So etwa verweist ein Blog des Schweizerischen Nationalmuseums darauf, dass »schon der samische Tyrann Polykrates«, den meisten noch aus Friedrich Schillers Gedicht »Der Ring des Polykrates« bekannt, den Spartanern »vergoldete Bleimünzen aus der eigenen Münzstätte als Tributzahlung untergejubelt haben« soll.[28] Athen scheint gegen Ende der Peloponnesischen Kriege aus Silbermangel auch versilberte Kupfermünzen anstelle von Vollsilbermünzen hergestellt zu haben. Weil die Falschmünzer aber gleichsam die Münzausgeber waren, entspricht das de jure keiner Fälschung. Wer die Macht hat, kann Blei zu Gold verwandeln oder ein anderes X für ein U ausgeben. Es ist zwar nicht echt, aber auch nicht falsch, legitimiert durch das Recht des Stärkeren. Das ist so absurd wie zeitlos.

Wir alle kennen die in zahllosen Filmen dargestellte Prüfmethode unserer Vorfahren, wenn sie wissen wollten, ob die – auch vom Fürsten ausgegebene – Goldmünze tatsächlich echt ist. Sie bissen einfach rein, und wenn sich dabei ein Abdruck auf der Münze zeigte, hielt man sie für echt. Gold ist ein weiches Metall. Wäre der Kern beispielsweise aus Eisen, dann hätte die Oberfläche nicht so gut nachgegeben. Aber stimmt das?

Nein. Der Biss, den alle für eine Echtheitsprüfung halten, wäre schon in der Antike am Know-how der Fälscher gescheitert. Denn natürlich nahmen die zum Zweck der Täuschung nicht einfach Eisen, sondern Kupfer oder, wie Polykrates, der Tyrann, ein wenig Blei, das ebenso gut nachgibt wie Gold.

Warum das hier fürs Echte wichtig ist? Es kommt nicht nur aufs Zweifeln an, sondern auch darauf, wie man das tut.

Zweifel als der Weisheit Anfang

Die längste Zeit der Kulturgeschichte, der Menschheit, war das Zeitalter des Glaubens. Was echt war oder nicht, das entschieden die Polykrates dieser Welt, eine kleine Gruppe von Anführern, die mit ihren Intellektuellen und Organisatoren (Managern) unter Zuhilfenahme robuster Maßnahmen (Soldaten, Schergen, Büttel, Beamte) durchsetzten, was echt sein durfte und was nicht. Echt, wirklich, wahrhaftig war, was dieser Machtsicherung diente. Dabei war jedes Mittel recht und meist wirksam, denn die meisten Menschen verfügten über keine Bildung oder andere Werkzeuge, um der Wahrheit der Mächtigen, dem Kanon der Regeln und Pflichten, etwas entgegenzusetzen. Gelegentliche Misstrauensanträge, Aufstände, waren selten von anhaltendem Erfolg gekrönt, weil es schlicht an Fachwissen mangelte, an Experten wider die Manipulation und Inszenierung des Echten. Die Macht des Glaubens basierte auf der Ohnmacht aller, die sich ihr unterwarfen. Mit freiwilliger Spiritualität oder Anhängerschaft hatte das meist wenig zu tun, eher mit Resignation. Gelernt ist gelernt, das gilt auch, wenn es darum geht, sich in eine Welt, in der sich das Falsche als richtig ausgibt, einzufügen.

Mit der Neuzeit, der Wende des Mittelalters zur Moderne, änderte sich das zusehends. Das Dogma, dass das, was oben bei den Mächtigen gesagt wurde, immer wahr sein sollte, echt, die Wirklichkeit darstellte, löste sich auch öffentlich immer stärker auf. »Der Zweifel ist der Weisheit Anfang«, sagte René Descartes, der französische Philosoph und Aufklärer.[29] Wir kennen den Mann vor allen Dingen durch sein »Cogito, ergo sum«: »Ich denke, also bin ich.« Das ist übrigens ganz eng mit seinem Lehrsatz vom Zweifel verwandt. Wer denkt, und das heißt, nicht einmal, sondern immer weiter, wer sich klarmacht, dass nichts auf dieser Welt abseits der Naturgesetze in ewigen Wahrheiten, Echtheit besteht, erkennt den Unterschied zwischen Echt und Falsch deutlich leichter als all jene, die andere für sich denken lassen.

Zweifeln, da haben wir es wieder, kann nur, wer über die intellektuellen Bordmittel verfügt. Und das ist eine Frage des Vorstellungsvermögens, nicht zwingend der höheren Bildung oder Ausbildung. Wer sich noch was anderes vorstellen kann als das, was ihm gesagt oder gezeigt wird, dreht den Regler in Richtung Realität auf. Zweifel sind damit die wichtigste Waffe gegen jede Form von Fälschung und Manipulation.

Wir sprechen hier immer von jenen »konstruktiven Zweifeln«, die nicht einfach nur verneinen, was allgemein oder speziell beobachtbar ist, sondern die Fragen zu jener allgemeinen oder speziellen Wahrnehmung von Wirklichkeit hinzufügen. Kaum jemand hat das schöner beschrieben als der Augsburger Dichter Bertolt Brecht in seinem 1938 geschriebenen »Lob des Zweifels«: »Gelobt sei der Zweifel! Ich rate euch, begrüßt mir heiter und mit Achtung den, der euer Wort wie einen schlechten Pfennig prüft!«[30]

Die Prüfung des schlechten Pfennigs braucht, wie wir gelernt haben, mehr als die Beißprobe. Der Pfennig muss aufgeschnitten werden, eine Probe entnommen, bestimmt und zugeordnet werden. Das ist mühsam, aber eben genau das, worauf die Überprüfung der Echtheit hinauswill. Wenn wir Originale von Kopien, Echtes von Falschem unterscheiden wollen, dann müssen wir dem Original, dem Echten, viel mehr Zeit zuwenden.

Da sind wir wieder bei dem, was die Wissensgesellschaft ausmacht, nämlich ein massives Investieren ins Denken, ins Herauskriegen, damit danach das, was wir mit den Erkenntnissen anstellen, die Welt umso leichter und zugänglicher macht. Das Original braucht das Radikale, das an die Wurzel – lateinisch »radix« – gehende Denken, gründlich, ausführlich und fortlaufend. Genau das ist das konstruktive Zweifeln: ein Vorschlaghammer der Aufklärung, der falsche Vorstellungen und Scheinkorrelationen zertrümmert. Das Einzigartige ist immer das Ergebnis einzigartiger Bemühungen.

Message oder Massage

Das Internet und seine sozialen Medien sind vielfach, und vielfach zu Recht, als Fake Medium beschrieben worden. Doch das Medium ist nicht die Message, sondern, wie der große kanadische Kulturwissenschaftler Marshall McLuhan sagte, die Massage, das also, was uns beruhigt, einlullt und gewöhnt.

Jedes Medium »massiert« uns und unsere Wahrnehmungsfähigkeit in eine ganz bestimmte Richtung. Wenn wir uns auf die Suche nach dem Original begeben, radikal denken dabei, dann müssen wir uns immer vor Augen halten, dass alles, was wir nicht bewusst tun, eher früher als später zum Selbstbetrug führt, zur Selbsttäuschung – und dass aus dieser Täuschung wieder mehr Täuschungen und Fälschungen hervorgehen, als wir uns das vorstellen können.

Wir haben schon festgestellt, dass konstruktive Zweifel

konstruktives Wissen und Können voraussetzen, Knowhow, den Rückgriff auf gesicherte Erkenntnisse, zum Beispiel: Es gibt keine gestreiften Elefanten.

Der Zweifel ist der Weisheit Anfang – aber was, wenn weder der Zweifel noch die Weisheit echt sind? Diese Frage stellten sich – so oder ähnlich – auch die beiden Sozialpsychologen David Dunning und Justin Kruger von der US-amerikanischen Cornell University Ende der 1990er-Jahre. Es war, wie so oft, eine Heuristik, eine Alltagserfahrung, die ihnen aufgefallen war. Leute, die wenig draufhaben, haben nicht selten das Gefühl, viel zu können. Hart gesagt: Inkompetente, ja sogar dumme Menschen sind von ihren Fähigkeiten viel überzeugter, gehen deutlich selbstbewusster mit ihren überreichlich vorhandenen Defiziten, die sie für Vorzüge halten, um als eben jene, die wirklich was draufhaben. Der Zweifel ist der Weisheit Anfang, aber wenn man weise ist, zweifelt man eben auch an sich selbst und dem, was man kann.

»Wenn man inkompetent ist, kann man nicht wissen, dass man inkompetent ist«[31] – so lautet eine der Einsichten aus Dunnings und Krugers Arbeit. Wer wenig draufhat, überschätzt sich selbst und unterschätzt die anderen. Und: »Die Fähigkeiten, die Sie benötigen, um eine richtige Antwort zu geben, sind genau die Fähigkeiten, die Sie benötigen, um zu erkennen, was eine richtige Antwort ist.« Wer jetzt »Hä?« sagt, ist mitgemeint.

Der sogenannte Dunning-Kruger-Effekt wurde vielfach zitiert, richtig populär wurde er aber in der Corona-Pandemie ab 2020. Da waren sie, in Scharen, jene Menschen, die sich selbst »Querdenker« nannten, alles »Wissende«, die für die vernünftigen und wissenschaftlich abgesicherten Maßnahmen, die gegen die Verbreitung der lebensbedrohlichen

Seuche getroffen wurden, nur ein höhnisches Lächeln übrig hatten. Alles Betrug.

So wie die Kondensstreifen am Himmel, die natürlich nicht das unvermeidliche Ergebnis von heißen Düsentriebwerken mit kalter Höhenluft zusammentreffenden Wasserdampfs sind – nein, nein! –, sondern schlicht Chemtrails, die Stoffe enthalten, um die Menschen zur ebenen Erde zu manipulieren.

Die Impfung? Alles Schwindel. Damit würden uns Mikrochips eingepflanzt, um uns besser kontrollieren zu können – warum sonst hätte sich denn der Gründer des Softwarekonzerns Microsoft, Bill Gates, so für die Impfung engagiert? Noch 2023 tauchte ein Video einer Frau auf, die im deutschen Fernsehen erklärte, dass sie selbst gesehen habe, wie in einem Verteilerkasten bei einem Mobilfunkmast, der den Standard 5G ausstrahlt, das Wort Covid-19 gestanden habe. Mehr, so die »Wissende«, müsse man ja nicht mehr sagen, oder?

Es gibt viele Gründe, warum solche Positionen überhaupt gehört werden. Viele Medien »massieren« uns mit solchen »Sachverhalten«, um uns zu unterhalten. In der Aufmerksamkeitsökonomie verdienen ja nicht diejenigen Geld, die wirklich abgesichert Kompetenz vorweisen können, sondern die, die man anklickt und denen man zuhört. Es spielt schlicht keine Rolle, ob jemand auf Youtube »die Wahrheit« sagt oder einfach haarsträubenden Blödsinn erzählt.

Die Droge, die Kopisten macht

Auf dieser Grundlage findet dann eine merkwürdige Verwandlung statt, eine große kulturelle Transformation. Die klassischen Dunning-Kruger-Kundschaften sehen im Fernsehen, auf Netflix, Youtube, Tiktok und Instagram, dass es eigentlich kein Wissen und erst recht kein kritisches Zweifeln braucht, um bemerkt zu werden, sondern nur eine steile Optik und Hang zum Krawall. Im Jahr 1998, noch während Dunning und Kruger ihre These an der Wirklichkeit gencheckten, schrieb der Stadtplaner Georg Franck seinen Bestseller *Ökonomie der Aufmerksamkeit*. Darin steht: »Die Aufmerksamkeit anderer Menschen ist die unwiderstehlichste aller Drogen. Ihr Bezug sticht jedes andere Einkommen aus. Darum steht der Ruhm über der Macht, darum verblasst der Reichtum neben der Prominenz.«[32]

Es ist irrelevant, ob ein Schauspieler rein gar nichts von einer umstrittenen Technologie versteht, darum geht es ja nicht. Es geht darum, die Quoten der Talkshow, des Podcasts nach oben zu treiben. Es ist irrelevant, ob das Tiktok-Model tatsächlich etwas zu sagen hat, Hauptsache, es sieht gut aus und wiederholt irgendetwas, das sie gerade vorhin von einer Kollegin gehört hat, die ebenfalls gut aussieht und irgendetwas wiederholt, was sie glaubt, gehört zu haben.

Es ist die Kopie der Kopie der Kopie, ein Vervielfältigungsverfahren, bei dem die Opfer und die Täter in einer Person verschmelzen. Im Grunde ist die Distanz zwischen den ganzen Schnatterern m/w/d auf allen Kanälen und den Putin-Trollen, Trump-Folgern und Corona-Leugnern irrelevant.

Alles ist »a little bit cheesy, but nicely displayed«,[33] wie Frank Zappe in seinem Hit »Flakes« sagte. Damit sind die Klugen die Dummen. Denn wer gründlich, an die Wurzel gehend, argumentiert, seine Argumente sachlich darlegt, hat schon verloren. Der Dunning-Kruger-Effekt beschreibt ein Massenphänomen, das uns zeigt, wie sehr wir in unseren

Zeiten von dem abweichen, was echt ist, richtig und nachweislich korrekt, weil wir schlichtweg nicht mehr in der Lage sind, das Original, das Echte zu verstehen.

Lachssprünge

Echt, so lehrt uns die Maschinenintelligenz, ist also, was authentisch ist – der antiken griechischen Bezeichnung »authentikos« nach das, was es ist, und nicht, was es vorgibt zu sein. Das, was ist, könnte man Realität nennen, und so wollen wir dies auch halten. Die Realität ist keine Inszenierung, sie ist das echte Echte. Die Realität ist die Natur der Sache, das, was eigentlich ist, unverstellt, offensichtlich.

In der Industrie- und Konsumgesellschaft gilt die Formel: »Die Masse macht's.« Aber was macht die Masse mit uns? Um das zu verstehen, gehen wir in die Natur, am besten weit weg vom Alltagsgedöns der Aufmerksamkeitsgesellschaft, nach Kanada, Südalaska, und dort sehen wir einen dicken und sehr zufriedenen Bären. Er wird von unzähligen Fliegen umschwärmt, doch davon lässt er sich nicht stören. Er genießt sein Leben in vollen Zügen. Es ist die Zeit, in der die Lachse aus dem Meer gegen den Strom und alle Hindernisse zurückschwimmen in die Orte ihrer Geburt, hoch oben in den Bergflüssen. Große, dicke Lachse, genau richtig für hungrige Bären, die sich ihren Winterspeck anfressen wollen, die nur auf ihrem Hintern im kühlen Wasser sitzen müssen und die links wie rechts nach einem Fisch greifen, um ihn zu verspeisen.

Anfangs schlucken sie gierig die großen Fische, dann halten sie diese in den Pfoten wie ein Sandwich, von dem sie abbeißen. Schließlich sind sie so satt, dass sie nur noch ein wenig an den besten Stücken der Fische herumknabbern, lustlos, pappsatt, gelangweilt geradezu, und den Rest der köstlichen Speise den anderen Tieren am Ufer überlassen, die nicht so leicht an Essbares kommen wie der Bär in Zeiten des Lachssprungs. Aus dem Allesfresser wird ein wählerischer Gourmet.

Der Bär und wir haben viel gemeinsam, etwa dass in der Konsumgesellschaft seit Jahrzehnten jeden Tag Lachs satt angesagt ist – ohne Winterschlaf. Es hat nun keinen Sinn, die Lachse oder die Konsumgesellschaft dafür verantwortlich zu machen, dass unser Umgang mit dem Überangebot so miserabel ist. Die heute unter Menschen, die alles haben, verbreitete Vorstellung, dass es für alle anderen ein bisschen weniger sein könnte, ist unfair, asozial und ignorant, ganz gleich, wie menschenfreundlich sie sich verkleidet.

Unser Verhalten aber, das dem Bären gleicht, ist erklärlich durch die langen Zeiten der Entbehrung, die unsere Art erlebt hat. Wir kriegen nicht genug, weil so lange nie genug da war. Wo immer Existenznot herrschte, helfen moralische Appelle wenig. Unser Streben, so viel wie möglich zu bunkern und zu fressen, ist evolutionär gesetzt. Und die Evolution ist das Original, das Echte schlechthin.

Nun ist ausgerechnet das die große Chance, das Originale, das Echte und Einzigartige in einer Welt der Kopien und der Masse wiederzuerlangen. Wer satt ist, sucht nach Abwechslung, nach Unterscheidbarem vom Normalen. Das ist der Grund, warum die Leute nicht einfach ins Hallenbad gehen, sondern auf die Malediven wollen. Die vordergründigen Motive, warum Menschen nach Bioprodukten greifen und Luxusartikel mögen, können sehr unterschiedlich sein, fast gegensätzlich erscheinen. Geeint sind beide Handlungen aber durch den Wunsch, etwas zu haben, was echt ist und, wenn schon nicht einzigartig, so doch nicht alltäglich, nicht einfach für alle verfügbar.

Der Bär im Fluss in Alaska frisst irgendwann nur mehr Filets, er wird wählerisch. Das tun wir auch, das kennen wir, aber noch etwas geschieht: Wir suchen nach Möglichkeiten, uns von anderen zu unterscheiden. Wenn alle nach Mallorca fliegen, wollen wir erst mal auch dorthin, bis wir feststellen, dass alle auf Mallorca sind. Das bringt, vom Erholungswert abgesehen, keinen besonderen sozialen Prestigegewinn.

Echte Butter

Das Echte ist eine Frage unseres, nein, Ihres oder meines Geschmacks. Fragen wir nach, was die Menschen zu Beginn der Massenproduktion wollten: Sie wollten sicher keine billigen Kopien der wunderbaren Dinge, welche die Reichen und Mächtigen in bester Qualität besaßen, der maßgefertigten Kleider und der genau auf die Bedürfnisse dieser elitären Klientel abgestimmten Artikel. Wer vor der Industrialisierung wohlhabend war, legte größten Wert darauf, sich mit Echtem und Einmaligem von anderen abzuheben. Wer was gelten wollte, besaß etwas, das nicht andernorts genauso existierte. Einmaligkeit, Originalität, war stets das höchste Merkmal von Qualität. Und diese Qualität entstand durch die unverwechselbaren Geschichten, die die jeweiligen Eigentümer mit den Gegenständen verbanden.

Dieser Konflikt ist einer, der die Sehnsucht nach dem Echten befördert: Ich bin ich, nicht wie die anderen. Und das stimmt ja auch, ist längst ökonomisches Prinzip. Mit einer 08/15-Massenversorgung lockt man keinen Hund mehr hinterm Ofen hervor, einerseits. Andererseits: unsere Strukturen – die Produktion, die Wirtschaft, die Politik, unsere Kultur. Passen die zu unserem Wunsch, etwas Echtes zu sein, und keine Kopie, der man billigen Ramsch andrehen kann? Nein.

Gleich zu Beginn der Industrialisierung, dem Zeitalter der Masse und des Nachmachens, wurde die Kopie an die Stelle des Originals gerückt, das jahrtausendelang immer das Besondere war, der Ausgangspunkt. Erst mal musste das auch so sein, weil die industrielle Produktion nur Sinn hat, wenn sie Masse erzeugt, also ihren Schwerpunkt eindeutig von der Qualität auf die Quantität verlegt. Das heißt nicht, dass industrielle Produkte schlechter sind als Handgemachtes, wenn es um ihre Funktionalität oder Haltbarkeit geht.

Strenge Normen und Standards vereinheitlichen die Güte, eine Kopie gleicht der anderen aufs Haar. Das schafft Sicherheit, Zuverlässigkeit. Wenn ein Werkzeug, das einmal von einem Meisterschmied hergestellt wurde, kaputtgeht und der Erzeuger nicht mehr arbeiten kann – weil er krank, alt oder gar gestorben ist –, dann ist die Qualität des Stücks für immer verloren.

Wo aber eine feste Norm das Material, die Güte, die Form sichert, kauft man einfach ein neues Stück. Es ist so gut wie das alte. Das gilt für Waren und Güter und Ideen gleichermaßen. Die Standardisierung als Schwester der Kopierwelt der Industrie hat eine ganze Menge Vorteile, man kann sich auf sie verlassen. Deshalb geht es bei der Frage nach dem Echten und dem Original nie um die Produktion. Es geht nicht um ein Entweder-oder oder gar ein romantisches und völlig unrealistisches Zurück-zur-Handarbeit, quasi als Pendant zum Zurück-zur-Natur.

Es geht um die Denkarbeit vor der Produktion, also die Wissensarbeit, die es braucht, um ein neues Erzeugnis oder eine neue Dienstleistung überhaupt entstehen zu lassen. Dabei spielt es keine Rolle, wie groß und wie langfristig das Vorhaben sein mag. Wichtig ist, dass wir wieder den Faden finden, aus dem Neugierde und Innovation gewoben werden.

Vor diesem Hintergrund und einer mit Wucht und ohne Gnade alles und jeden vereinnahmenden Industriewelt überlegten Künstler schon vor dem Ersten Weltkrieg, wie Industrieprodukte, Massenware, als Kunstwerk gedacht werden können. Marcel Duchamps Readymades und der Dadaismus sind die Vorreiter der Konzeptkunst, bei der die Idee und nicht mehr der Gegenstand zum Original wird.

In einer Gesellschaft, in der die Grundbedürfnisse abgedeckt sind, entstehen soziale Bedürfnisse, weil wir alle durch Kooperation gewinnen. Wenn dann diese Teamarbeit gelingt, geht es um persönliche Bedürfnisse: Man will gesehen werden, und gleichsam will man sich abgrenzen. So etwas kennen wir beispielsweise aus der Mode: Teenagern gelingt die wichtige Abnabelung von ihren Eltern durch Abgrenzung, indem sie genau das anziehen, das denen nicht gefällt, und so reden, dass denen die Spucke wegbleibt. Gleichzeitig wollen sie zu ihrer Clique gehören. Distinktion, das lateinische Wort für Unterscheidung, ist die Triebfeder hinter der Lust am Original und am Echtsein.

Der norwegisch-amerikanische Soziologe Thorstein Veblen hat das 1899 in seiner *Theorie der feinen Leute* ausformuliert. Die reichen Amerikaner der Ostküste wandten sich dem »demonstrativen Konsum« zu.[34] Das ist bemerkenswert: Die von der Bescheidenheit und der Zurückhaltung der calvinistisch-protestantischen Ethik geprägten Amerikaner waren nicht die, denen man damals so ohne Weiteres zugetraut hätte, es krachen zu lassen. Anders als die alten europäischen Fürstenhäuser des Ancien Régime waren die Neureichen zurückhaltend, sie übten sich nicht in rauschenden Festen, bauten vorerst keine gewaltigen Paläste und waren in ihrer Denkwelt mehr Dagobert Duck als Großer Gatsby.

Doch das änderte sich. In Boston, New York und Philadelphia überbot sich der neue Geldadel gegen Ende des 19. Jahrhunderts darin, die prunkvollsten Stadtvillen zu bauen und zu den freigebigsten Sponsoren der Künste zu gehören. Zeigen, was man hat, ganz ohne falsche Bescheidenheit, das war es, was Veblen den »demonstrativen Konsum« nannte. Dieser Geltungskonsum[35] sollte belegen, dass man anders war als die anderen, mehr vermochte, mehr geben konnte, schlicht und ergreifend mächtiger, einflussreicher und bedeutsamer war als alle anderen, die schon länger da waren und die Neureichen mit gerümpfter Nase begrüßten. Aufmerksamkeit um jeden Preis – das war und blieb die Aufsteigerformel im industriellen Kapitalismus, in dem der soziale Status mit dem Grad der materiellen Verausgabung steigt.

In der Ökonomie kennt man den sogenannten Veblen-Effekt, der sich sozusagen von der Theorie der feinen Leute und ihrem Distinktionsgehabe weiterentwickelt. »Der Veblen Effekt, auch Prestigeeffekt, bezeichnet [...] in der Volkswirtschaftslehre [...] das Phänomen, dass die Nachfrage nach bestimmten Gütern unter Umständen trotz einer Preiserhöhung derselbigen ansteigt, weil Konsumenten es vorziehen, durch den Konsum teurer Güter ihren Status gegenüber anderen Individuen herauszustellen. [...] Von dem Effekt betroffene Güter werden auch als Veblen Güter bezeichnet«,[36] so definiert Wikipedia diesen Vorgang.

Der Veblen-Effekt ist sozusagen die Theorie der feinen

Leute für Arme. Es sind die Leute, die sich das teuerste Smartphone finanzieren, die »Premium«-Geräte, und die bei der Wahl ihrer Klamotten nur die besseren Marken tragen – der klassische Prestigekonsum also, der die Konsumgesellschaft in den oberen Rängen großgemacht hat. Darauf bauen all die Marken und Originale, die wir kennen, denn ihre Originalität ist vor allen Dingen das, was die Konsumentinnen und Kunden mit ihnen verbinden.

Der echte, der alte demonstrative Konsum grenzte sich aber durch etwas anderes ab als durch das Kaufen und Konsumieren von Massenartikeln. Die meisten der feinen Leute, die Thorstein Veblen und nach ihm Generationen von Soziologen und Konsumforschern in Augenschein nahmen, hatten ihr Geld in der industriellen Revolution verdient, durch die Produktion von Massenartikeln, die einander vollständig glichen. Die Industrie nimmt das Original und macht es zur Form. Was früher einmalig war oder wenigstens im Handwerk sich durch (mehr oder weniger sichtbare) Unterschiede von Exemplar zu Exemplar zeigt, löst sich in der Formpresse und am Fließband auf zur großen Verwechselbarkeit. Nichts ist mehr eigen, echt. Alles ist Kopie.

Das ist die Welt, die die Industriellen geschaffen haben – und es ist eine Welt, welche die Grundversorgung und damit das Leben der meisten verbessert hat. Nun aber, wo sie dadurch reich oder wenigstens wohlhabend geworden sind, alles Bären im lachsreichen Fluss in Alaska, pappsatt, wollen sie etwas haben, das andere nicht haben. Der erste Schritt ist der Veblen-Effekt: Man kauft, was teuer ist, aber immer noch zu haben. Der zweite Schritt, der sozusagen die reine Theorie des Originals und des Echten widerspiegelt, ist es, etwas zu besitzen oder zu erleben, was andere nicht haben.

Das gelingt nun nicht mehr allein dadurch, dass man etwas kauft oder schafft oder konsumiert, was sehr teuer ist. Es muss einzigartig sein, nicht einholbar, ein Original eben. Erst geht es nur um Prestigegewinn: Wer hat mehr, ist besser, schneller, reicher in dem, was er ausgeben und konsumieren kann. Dann aber entzieht man sich dem Ganzen durch Ausstieg. Diese Möglichkeit bietet nur das Original, das Echte, denn dieses ist an eine Person gebunden. Es ist höchstens nachzuahmen, zweite Wahl. Damit entzieht sich die Distinktionselite dem Rattenrennen des Vergleichs. Mehr geht nicht.

Wem Mallorca nicht reicht und wer dann auf die Kanarischen Inseln zieht, wird dort feststellen, dass das andere ebenso können und dass das auch auf den Malediven nicht besser ist. Kreuzfahrtschiffe kommen bis ans Ende der Welt, sie legen in Spitzbergen an und kommen bis zur McMurdo Bay in die Antarktis. Reiche Touristen aus aller Welt lassen sich von Spezialunternehmen und Sherpas auf den Mount Everest schleppen, um dort etwas Einzigartiges zu erleben, was aber schon andere erlebt haben. Das ist beeindruckend, im Leben der betreffenden Konsumenten gewiss ein besonderes Erlebnis. Einzigartig ist es aber echt nicht, weil andere es auch haben können.

Es braucht nicht lange, bis die durch die Industrie reich gewordene neue, bessere Gesellschaft das verstanden hat. Wer sich wirklich von anderen unterscheiden will, muss sich Dingen zuwenden, die nicht wiederholt werden können und auch nicht einfach nachgeahmt. Dazu bietet sich, ganz vorn, die Kunst an.

Erstens und naheliegend: die Bildende Kunst.

Das Ende des Originals

In keiner anderen Disziplin ist der Begriff des Originals und des Echten von auch nur annähernd so großer Bedeutung wie in der Welt der Malerei. Sandro Botticelli hat einmal die *Geburt der Venus* gemalt, Leonardo da Vinci einmal die *Mona Lisa*. Bei Rembrandt van Rijn, dem großen Meister der flämischen Malerei des 17. Jahrhunderts, kann man sich da schon nicht mehr ganz so sicher sein, weniger, was die Anzahl der Kopien angeht als vielmehr die Authentizität der Werke. Vieles von dem, was man Rembrandt zuschreibt, dürfte in den wohlorganisierten Malerwerkstätten entstanden sein, in denen unbekannte Meister, Mitarbeiter des berühmten Malers, an dem gepinselt haben, was heute noch als »echter Rembrandt« gilt. Aber das trifft wahrscheinlich auch auf andere Meister der Malerei zu und lässt sich heute nicht mehr eindeutig verifizieren.

Was bleibt, ist das Event. Das Einmalige kann nicht wiederholt werden, das gilt nicht nur für Popkonzerte wie die von Beyoncé und Taylor Swift. In der Gründerzeit luden sich reiche Mäzene Dichter und Sänger ein. Einmalig, kann man nicht wiederholen, waren Sie damals dabei?

Im Jahr 1935 schreibt der deutsche Philosoph Walter Benjamin seinen bekanntesten Aufsatz, den er *Das Kunstwerk im Zeitalter seiner technischen Reproduzierbarkeit* nennt. Die Absicht des vom Marxismus stark beeinflussten Benjamin ist es, etwas Einzigartiges zu schaffen, nämlich die »erste Kunsttheorie des Materialismus, die diesen Namen auch verdient«.[37] Ein Wegweiser für das, was Kunst und Einzigartigkeit im Zeitalter des Materialismus, der Industriegesellschaft also, bedeuten könnten. Es sind etwas mehr als drei

Dutzend Seiten, die zentral für diesen Aufsatz sind, und noch viel weniger davon behandeln das, was ihn bis heute für viele immer noch ausmacht: »Was im Zeitalter der technischen Reproduzierbarkeit des Kunstwerks verkümmert, das ist seine Aura.«

Das Wort Aura ist dem Namen der griechischen Göttin der Morgenröte geschuldet, und im boomenden Esoterikgeschäft muss das Wort leider für allerlei Mumpitz herhalten, um der klassischen Dunning-Kruger-Kundschaft einfache Erklärungen für seine Vorurteile zu liefern. Benjamin benutzt den Begriff der Aura aber in einem anderen Sinn: Es sind die Merkmale der Unnahbarkeit, der Echtheit und Einmaligkeit, um die es ihm geht. Er zeigt, wie die Echtheit, das Original und seine Bedeutung in der Industriekultur geradezu zertrümmert werden. Die Aura, der Sinn und die Bedeutung dessen, was Menschen als echt und einmalig wahrnehmen, werden fast rückstandsfrei durch die Diktatur der Massengesellschaft beseitigt.

Benjamin beginnt seine Ausführungen mit einer nüchternen Feststellung: »Das Kunstwerk ist grundsätzlich immer reproduzierbar gewesen. Was Menschen gemacht hatten, das konnte immer von Menschen nachgemacht werden«, aber die technischen Mittel, so wendet er gleich ein, waren eben begrenzt. Schüler konnten ihre Meister imitieren, was wir ganz gut an den nicht authentifizierten Werken Rembrandts erkennen. Gleichzeitig gab es Fälscher – die »gewinnlüsternen Dritten«, wie sie Benjamin nennt –, die ein besonders begehrtes Kunstwerk so gut abkupferten, wie es eben ging, um es an die Stelle des einmaligen Originals zu rücken. Dann noch die Künstler selbst, die, als sie merkten, dass sie Erfolg mit ihrer Kunst hatten, genau dort weitermachten, wo das Publikum ihnen Zuspruch schenkte. Ma-

Das Ende des Originals

nufakturen, in denen Vasen, Alltagsgegenstände und Büsten in Serie produziert wurden, fanden sich schon in der Antike, etwa in Pompeji. Aber erst der Holzschnitt, der im Mittelalter, wahrscheinlich aus China kommend, in Europa Fuß fasste, machte es möglich, aus einer Form mehrere Abzüge herzustellen, »die Graphik wurde technisch reproduzierbar«, schreibt Benjamin. Bald folgten dem auch der Druck und die Schrift durch die Erfindung des Buchdrucks nach dem Prinzip der beweglichen Bleilettern und der Druckerpresse durch Johannes Gutenberg.

Zur Wende vom 18. zum 19. Jahrhundert wurde die Lithografie zur entscheidenden Reproduktionstechnik. Schnell, flexibel und kaum noch vom Original unterscheidbar ließen sich damit Kunstwerke vervielfältigen. Und gleich darauf die Fotografie. Im Jahr 1826 richtete der französische Erfinder Joseph Nicéphore Niépce seinen Heliogaphischen Apparat aus seinem Mansardenfenster in Saint-Loup-de-Varennes: Die schemenhafte Wiedergabe eines Fensterflügels, eines Pultdachs, der Schatten eines Baums und ein Stück eines Schornsteins sind darauf zu sehen.

Das war der Anfang vom Ende der alten Kunst, des Originals und der Einmaligkeit in der Form, wie die Welt sie bisher kannte. Maler begriffen sehr schnell, was die neue Technik für sie bedeuten musste: das Ende ihrer Kunst als Notwendigkeit. Bis zu diesem Zeitpunkt war jeder Maler ebenso Handwerker und Dienstleister wie Künstler. Nicht jeder konnte es sich leisten, sich auf Bildern »verewigen« zu lassen – ein wichtiges Motiv übrigens zu allen Zeiten, um der Endlichkeit der menschlichen Existenz etwas entgegenzusetzen.

Auf dem berühmten Gemälde *Die Gesandten* des wohl herausragendsten Porträtmalers aller Zeiten, Hans Holbein des Jüngeren, aus dem Jahr 1533 ist diese Sehnsucht manifest geworden: Auf den Bildern sieht man zwei wohlhabende Männer, Gesandte am englischen Königshof, für den Holbein bevorzugt arbeitete (seine berühmten Porträts Heinrich VIII. und seines Kanzlers Thomas More sind eindrucksvolle Zeugnisse dafür). Wer das Bild der Gesandten aber genau betrachtet, sieht im Vordergrund eine merkwürdige Struktur, die sich, aus der richtigen Perspektive betrachtet, als Totenkopf erweist – ein Memento Mori.

Aber schon zum Ende des Jahrhunderts, in dem das erste fotografische Bild entstand, konnte sich jeder porträtieren lassen. Und zu Ende des 19. Jahrhunderts wurde erst der Ton, dann das bewegte Bild eingeführt, durch Thomas Alva Edison und die Gebrüder Lumière.

Nun denken wir wieder an das, was wir vor einigen Seiten über die Funktion der Massenproduktion, der Kopiertechnik, der Kopierkultur sogar, gelesen haben. Sie macht es möglich, dass alles für potenziell alle jederzeit und überall verfügbar ist. Das gilt für Medieninhalte, Wissen, Produkte, Güter, alles Denkbare. Genau hier hakt Benjamin ein: »Noch bei der höchstvollendeten Reproduktion fällt eines aus: das Hier und Jetzt des Kunstwerks – sein einmaliges Dasein an dem Orte, an dem es sich befindet. An diesem einmaligen Dasein aber und an nichts sonst vollzog sich die Geschichte, der es im Lauf seines Bestehens unterworfen gewesen ist.« Und: »Das Hier und Jetzt des Originals macht den Begriff seiner Echtheit aus«.[38]

Und noch etwas: Die manuelle Fälschung, das, was über Jahrtausende einfach getan wurde, steht auf tönernen Füßen. »Der gesamte Bereich der Echtheit entzieht sich der technischen – und natürlich nicht nur der technischen – Reproduzierbarkeit«, sagt Benjamin. »Während das Echte aber der manuellen Reproduktion gegenüber, die von ihm im Regelfalle als Fälschung abgestempelt wurde, seine volle Autorität bewahrt, ist das der technischen Reproduktion gegenüber nicht der Fall.« Er nennt die technische Reproduktion, die Kopie im Licht der industriellen Produktionstechniken, als »selbständiger dem Original gegenüber als die manuelle«. Denkt an die Zeitlupe, sagt Benjamin, die etwas aus dem Original herausholt, was das gar nicht könnte – wer kann schon mit freiem Auge Slow Motion abspielen? Und, noch wichtiger, das Hier und Jetzt, weil das Abbild des Originals, wie Benjamin schreibt, es »in Situationen bringen kann, die dem Original selbst nicht erreichbar sind«. Orte, Kunstwerke, Gebäude, Geschehnisse, Töne, sie alle lassen sich erst ins Studio, dann in die Wohnung holen, und wir alle wissen heute im Zeitalter des Digitalen, dass es dabei keine räumlichen und zeitlichen Grenzen mehr gibt. Und genau das entwertet das Hier und Jetzt, sagt Benjamin. Das Konzert mit einer Künstlerin ist einmalig. Ein Bild aus der Hand von Holbein dort zu sehen, wo es seit Jahrhunderten ausgestellt wird, mit allen Schrammen, den Begleitumständen, dem Gebäude, dem Geruch des Ausstellungsorts, ist etwas völlig anderes als das Bild in einem Buch zu sehen oder heute im Internet.

Das sind keine Kleinigkeiten, denn die »Echtheit einer Sache ist der Inbegriff alles von Ursprung her an ihr Tradierbaren«. Die ganze Geschichte, die an den Gegenstand gebunden ist, verliert an Bedeutung – sie verliert ihre Aura, die »verkümmert«, wie Benjamin sagt. Das Echte, das Original, so Benjamin am Punkt, verliert seine Autorität. »Die Ausrichtung der Realität auf die Massen und der Massen auf sie ist ein Vorgang von unbegrenzter Tragweite sowohl für das Denken wie für die Anschauung.«

Das alles mag auf den ersten Blick sehr theoretisch klingen, beschreibt aber unsere Sehnsucht nach dem Echten, lange bevor sie die Ausmaße von heute erreichte. Dem Philosophen war klar, was die Massengesellschaft, die Kopiergesellschaft neben allem Guten auch an Schlechtem anrichten würde. Sie zertrümmerte ja nicht nur das Schlechte, das Abergläubische an den alten Zusammenhängen, sondern auch die Bezüge, die die Menschen zu den Gegenständen hergestellt hatten.

Das Echte hat eine Aura, die durch die Kopie zerstört wird. Wenn wir wissen, dass es eine Kopie ist, verliert sich ein erheblicher Teil dessen, was wir an Sinn in einer Sache erkennen. Die Kopie ist die zweite Wahl, das Nichtechte. Es ist eine Enttäuschung, die in gewisser Hinsicht unsere Beziehung zum Gegenstand so zerstört wie der Betrug eine Beziehung zwischen Menschen aus Fleisch und Blut.

Menschen, die von Kunstfälschern betrogen wurden, berichten oft, dass sie die Bilder, die sich als Fälschung herausgestellt haben, eigentlich sehr lieben. Aber es gelingt ihnen danach nicht mehr, diese Liebe aufrechtzuerhalten, weil sie jeder Blick auf die Kopie daran erinnert, dass sie durch diese Kopie enttäuscht wurden: Sie erzählt ihnen schlicht und ergreifend eine falsche Geschichte.

Benjamins Ausführungen sind nicht immer leicht zugänglich, aber dennoch lebenspraktisch. Wäre es anders, als er berichtet, etwa über den authentischen Ort, das Hier und Jetzt, den Kontext: Warum reisen dann so viele Millionen Menschen jährlich an Orte und in Museen, in denen die Originale ausgestellt werden? Und fast immer berichten die Menschen von ihrer Überraschung, wenn sie ein Kunstwerk als Original betrachtet haben: Oft haben sie es sich heller, dunkler, größer oder weniger schön und magisch vorgestellt.

In jedem Fall aber ist die Echtheit, die Aura, kein Vergleich zu ihrem Abbild, so makellos es auch sein mag. So kehrt die Autorität des Originals zurück, die Benjamin schon verloren glaubte.

Geschichte wiederholt sich nicht, aber die Muster des menschlichen Verhaltens sind dennoch erkennbar. Zeiten der Transformation sind zunächst einmal Zeiten der Verwirrung und Desorientierung, in denen das Falsche, das Abgehobene, das Esoterische große Erfolge feiert. Doch das ist nur Teil einer Katharsis, an deren Ende wieder ein nüchterner Blick steht. Dass es kein richtiges Leben im falschen gibt, ist eben nicht nur ein philosophisches Konzept, sondern die Überlebensformel für unsere Wirtschaft und unseren Wohlstand. Der Werteverfall ist einer, der uns erst im moralischen, sozialen, kulturellen Sinn auffällt. Aber täuschen wir uns nicht, er ist immer auch der Verfall unserer materiellen Grundlagen. Das Echte ist unsere Zukunft, das Original unser Geschäft. Und beides zusammen macht aus, was wir Transformation nennen.

Rosebud

5 Millionen Menschen sahen im Jahr 1995 die vom 24. Juni bis 7. Juli dauernde Verhüllung des Reichstags in Berlin durch Jeanne-Claude und Christo. Mindestens 500 Millionen Menschen, wahrscheinlich aber noch weit mehr, sahen am 20. und 21. Juli 1969 die erste Mondlandung der US-amerikanischen Eagle-Fähre des Projekts Apollo 11.

Die Übertragung dauerte zweieinhalb Stunden, und die Signale der Antennen, die Neil Armstrong und Buzz Aldrin auf die Erde gerichtet hatten, wurden über eine Empfangsstation im australischen Parkes an die ganze Welt weiterverteilt – mit einer Verzögerung von 9 Minuten, was teils der Entfernung Erde–Mond, teils technischen Problemen geschuldet war. Darum geht es aber bei live gar nicht. Live muss nicht vollständig live sein, sondern etwas anderes, einmalig, einzigartig. Es muss für die Menschen, die dieses Ereignis erleben, eine Aura haben, eine persönliche Bedeutung.

Wenn eine halbe Milliarde Menschen oder mehr an einem Ereignis über elektronische Medien teilnehmen, darf man wohl zu Recht behaupten, dass dabei Massenmedien im Spiel sind. Es kommt darauf an, aus welcher Perspektive man draufschaut. Als Betreiber eines Massenmediums, etwa eines Fernsehsenders, verbreite ich mit der Mondlandung ein Massenprodukt. Es ist von seiner Art her nichts weiter als jedes andere Massenprodukt: eine Ausstrahlung, bei der es zunächst keine Rolle spielt, ob man die ersten Schritte eines Menschen auf dem Mond sieht oder eine Werbung für Schnittkäse.

Aus der Perspektive wahrscheinlich jedes einzelnen Menschen ist das aber etwas anderes. Die Mondlandung, die man in verwaschenen Schwarz-Weiß-Bildern sah, ist ein Erlebnis, an das sich alle bis an ihr Lebensende erinnern werden. Sie können noch fünfzig und mehr Jahre danach sagen, wo sie an diesem Tag waren. Wir alle kennen auch die zum Jahrestag des Anschlags auf das World Trade Center in New York am 11. September 2001 immer wieder erzählten Geschichten: »Was hast du getan, wo warst du, als die Tower einstürzten?«

Ein Ereignis, das Milliarden Menschen erlebt und geteilt haben, wurde jeweils anders, einzigartig, erlebt, potenziell von jedem einmalig. Auch Ereignisse, die massenhaft sind,

sind letztlich personalisiert. Dieser Vorgang ist unvermeidlich. Wir sehen die Welt, so wie wir sie persönlich sehen, weil wir alle – und sei es auch nur in Nuancen von anderen unterscheidbar – ein eigenes Leben führen. Originalität und Echtheit ist also keineswegs ein Entweder-oder: Massenereignisse und Massenprodukte können eine höchst persönliche Bedeutung haben.

Berühmt ist etwa die Szene aus Orson Welles' Meisterwerk *Citizen Kane*, in der der sterbende Magnat am Ende seines Lebens noch »Rosebud« haucht, sein letztes Wort. In der letzten Einstellung des Films sehen wir, wie sein großes Schloss Xanadu ausgeräumt wird und die neuen Verwalter das, was sie für wertloses Zeug halten, ins Feuer werfen – darunter einen Schlitten, der die Aufschrift »Rosebud« trägt. Es ist der Markenname des Herstellers des liebsten Gegenstands, den der später so mächtige und gnadenlose Milliardär Citizen Kane als kleiner Junge besaß. Rosebud ist das Synonym für das, was wichtig ist, und es gibt wahrscheinlich kein besseres Symbol für das Persönliche und Einzigartige, das sich aus der Beziehung eines Menschen zu den Gegenständen und Sachverhalten ergibt, die er liebte und liebt.

Ein Plüschspielzeug aus unserer Kindheit ist mit großer Sicherheit hunderttausendfach in einer Fabrik vom Fließband gefallen. Doch diese Vorstellung würde viele stören, denn es ist natürlich unser geliebtes Plüschtier, dem wir mit Sicherheit einen Namen gegeben haben und mit dem wir, selbst wenn wir uns nicht mehr an Details erinnern können, nur Schönes verbinden.

Ein alter MP3-Spieler, ein Walkman, ein Plattenspieler oder ein Kassettenrekorder, mit dem wir in unserer Jugend die Hits aus dem Radio aufgenommen und immer wieder abgespielt haben, die möglicherweise unsere erste Liebe begleiteten oder die so vielfältigen Aufregungen und Neuerungen des Erwachsenwerdens, das sind natürlich keine seelenlosen Industrieprodukte. Sie werden zum Original durch ihre Benutzer. Sie sind eine Idee, und Ideen sind dem, was wir Aura nennen, sehr ähnlich.

Das Original ist, was wir im Kopf haben, nicht das, was vom Fließband fällt, und auch nicht das, was im Museum hängt. Nüchtern betrachtet ist selbst das teuerste Kunstwerk nicht viel mehr als ein bisschen Leinwand mit Farbe, ein wenig Holz für den Rahmen und noch ein wenig Stoff und Klammern, damit das Zeug nicht gleich auseinanderfällt. Der Materialwert ist überschaubar. Aber die *Mona Lisa* ist ihrer Einmaligkeit wegen so berühmt, und diese Einmaligkeit, das muss man erst einmal gründlich verstanden haben, ist in allem, womit Menschen zu tun haben, vorhanden: die Idee, der Sinn, die Vorstellung, die wir damit verbinden.

Es ist kein Zufall, dass Walter Benjamin beim Original am Anfang seines berühmten Aufsatzes auf die Religion, den Ritus hinweist. Dort können wir in großem Maßstab sehen, wie eine Idee durch Gegenstände »begreifbar« – im Wortsinn – wird.

Überbleibsel

Der römisch-deutsche Kaiser Karl IV. war ein mächtiger Mann. Er stammte aus dem Geschlecht der Luxemburger und regierte in Prag, das er zu jener »Goldenen Stadt« machen sollte, die sie noch lange bis in die Neuzeit hinein war. Er legte für Jahrhunderte die Machtordnung im Heiligen Römischen Reich Deutscher Nation fest – indem seine *Goldene Bulle* die Wahlordnung des Kaisers durch die Kurfürsten regelte. Und er stiftete die erste deutschsprachige Universität in Prag, fast dreihundert Jahre, nachdem eine solche Einrichtung in Bologna den höchsten Bildungsstandard für die Neuzeit vorwegnahm.

Karl IV. lebte von 1316 bis 1378, jener Zeit, die der große niederländische Historiker Johan Huizinga den »Herbst des Mittelalters« genannt hatte – eine zutreffende Formulierung. Es ist die Zeit einer großen Transformation. Große Handelsmächte, vorneweg die Hanse und Venedig, hatten den Fernhandel in den Jahrhunderten zuvor entwickelt, jetzt wirkte sich die Globalisierung aus, die Bürger wurden reicher, ihre Städte größer. Aus den kleinen Sichten des Mittelalters, die kaum über das Lokale hinausgehen, entstand wortwörtlich ein neues Weltbild. Diese Epoche verunsicherte aber viele, die sich in der alten Ordnung geborgen fühlten, die Modernisierungsverlierer des 14. Jahrhunderts. Die Mystik blühte, der Aberglaube, der destruktive Selbstzweifel: Wenn die Welt sich so verändert, was wird dann aus uns?

Das alles erinnert stark an heute. Wo erst mal die Angst ist, ist die Suche nach Identität und Authentischem nicht weit. Dieses ist aber keine wirkliche Echtheit, sondern nur das, woran man sich festklammert, um den geistigen Boden unter den Füßen nicht zu verlieren. Schon immer wurden diese Ängste vor dem Kontrollverlust ausgenutzt, weil sich Ideologien so ganz hervorragend verkaufen lassen. Sie sind der Krückstock, auf dem sich die alte Normalität noch eine Weile aufstützen kann, bis sie irgendwann bricht.

Die größere Welt brachte erst einmal das größte Elend über die Menschen. Zur Mitte des Jahrhunderts wurde, vermutlich von der Krim durch den Fernhandel eingeschleppt, die Pest zum Fanal des späten Mittelalters. Zwischen 1347 und 1353 starb in Mitteleuropa mindestens ein Drittel der

Gesamtbevölkerung am »Schwarzen Tod«, Schätzungen gehen von 20 Millionen Opfern aus. Auch die Lebensmittelversorgung und der Handel brachen zusammen.

In dieser Zeit baute Karl IV. südwestlich von Prag, seiner Residenzstadt, die Burg Karlstein, deren wesentlichste Aufgabe die Aufnahme der größten Reliquiensammlung der Welt war. Das Wort Reliquie bedeutet so viel wie »was übrigbleibt«, und gemeint waren zuerst die sterblichen Überreste der christlichen Märtyrer und Heiligen. Schon im 2. Jahrhundert bedienten sich die Urchristengemeinden im Römischen Reich der sterblichen Überreste ihrer toten Helden. Asche wurde in kleine Behälter gefüllt und weitergereicht, Knochen wurden aufgeteilt. Im 4. Jahrhundert wurde das Christentum römische Staatsreligion. Sofort begann man, im »Heiligen Land«, de facto meist in Jerusalem, nach Überresten des Martyriums Christi zu fahnden – drei Jahrhunderte nach seinem Tod ein äußerst ambitioniertes Unterfangen. Jedenfalls gelangte angeblich das Kreuz, auf dem Gottes Sohn von den Vorfahren derer, die ihn nun verehrten, gefoltert worden war, in den Besitz des römischen Kaisers. Und Splitter hiervon wurden in ganz Europa verteilt, Hunderte. Die sogenannten Kreuzreliquien sind die kostbarsten Reliquien überhaupt, ihnen wird eine besondere Kraft zugemessen – zum Kreuz selbst gibt es praktisch alle vorstellbaren Stoffe und Gegenstände, Kreuznägel, Lanzen oder die Dornenkrone, die schließlich im Mittelalter als wichtigste Reliquie des Christentums in Notre-Dame in Paris aufbewahrt wurde – ein Dom, der de facto ein riesiger Schrein für diese Reliquie ist.

Die sterblichen Überreste normaler Heiliger wurden von der Kirche in die Reliquien erster Klasse kategorisiert: Fingernägel, Knochen, Haare etwa gehören dazu. Die Reliquien zweiter Klasse umfassen die sogenannten Berührungsreliquien, in der Regel Gegenstände, welche die Heiligen angefasst hatten oder aber Kleidungsstücke sowie all die Mordinstrumente, mit denen die Heiliggesprochenen entweder früh von den Römern oder aber später in der christlichen Mission umgebracht worden waren. Die Reliquien dritter Klasse wiederum waren stoffliche Reste aller Art, die auf irgendeine Art und Weise mit Reliquien erster Klasse in Berührung gekommen waren. Diese Reliquien waren das industrielle Produkt, ein Abzug eines Originals, das die Kraft und die Wunderwirksamkeit der Heiligen auf ihre Besitzer übertragen sollte, Reliquien-Readymades sozusagen, die Rosebuds der christlichen Religion. Natürlich waren und sind die allermeisten Reliquien nichts anderes als Fälschungen.

Im Jahr 829 wurde der Evangelist Markus zum Schutzpatron der aufstrebenden Handelsmacht Venedig auserkoren, sein Symbol, der geflügelte Löwe, ist im gesamten Mittelmeerraum als Machtsymbol zu sehen. Die Gebeine des Heiligen hatten, so geht die Legende, venezianische Kaufleute den muslimischen Herrschern in der Stadt Alexandria geklaut, indem sie die Gebeine unter Schweinehälften – und damit für Muslime unberührbar – verborgen hatten. Rund um diese Überreste errichteten sie den Markusdom und erklärten schnurstracks, dass die Gebeine immer schon in Venedig gewesen seien. Denn der Heilige Markus habe Venedig schon besucht, bevor es offiziell gegründet worden war, und angeblich geweissagt, dass hier einmal die Stadt entstehen würde, die wie keine zweite den Glauben der Christenheit verteidigen werde.

Damit legitimierte Venedig seinen Anspruch auf die Vormachtstellung als Großmacht – ein Vorgang, der sich in

Europa immer wieder und auch in anderen Konstellationen wiederholen sollte. Der Besitz wertvoller Reliquien war kein Zufall, sondern Gottes Wille, der die Originale seiner Treuen denen zuspielte, die sein Wohlwollen hatten – was den Sammelfanatismus Karls IV., dessen Legitimation von allen anderen Fürstenhäusern stets infrage gestellt worden war, ganz nüchtern erklärt. Er wiederholte im Grunde, was schon die Venezianer vorexerziert hatten: Als der Markusdom im Jahr 976 abbrannte, erfanden die Venezianer ein neues Wunder. Die Reliquien des Heiligen Markus waren unversehrt geblieben, erzählten sie, allerdings erst hundert Jahre später, als der neue (bis heute erhaltene) Markusdom aufgebaut war.

Im 14. Jahrhundert steigerte sich der Reliquienfimmel zum Höhepunkt, er war aber auch danach nie ganz weg. Selbst im 19. Jahrhundert gab es noch eine runde Million Gläubige, die sich im Jahr 1844 in Deutschland die »Stoffreliquie« – angeblich ein Stück vom Kleid der Jungfrau Maria – anschauten, sehr zum Ärger der evangelischen Mitbewerber wie auch der fortschrittlichen Kräfte im eigenen Lager.

Reliquien sind ein Beweis für die tiefe Sehnsucht nach Echtheit, nach Originalen, nach authentischen Verbindungen über die Zeit hinweg. Wenn man glaubt, dass die Heiligen, von denen die Überreste stammen, alle noch im Himmel über uns das beobachten, was uns umtreibt, dann ist der Besitz einer Reliquie eine Schnittstelle zu diesen unsterblichen Geistern, die einem in tiefer Not beistehen. Kultgegenstände werden zum Ritus selbst. Die Reliquie ist der »Beweis« dafür, dass die Geschichte echt ist, und die Hoffnung darauf, dass sie Wunder wirkt. Wer sich eine Reliquie leisten kann, auf Staatsbesuchen der gekrönten Häupter eine erhält, hat nicht nur den Beweis seiner weltlichen Macht in der Hand, sondern ist direkt mit den Herrschern des Paradieses verbunden. Er gehört dazu.

Das ist nicht bloß ein wenig Kultur- und Religionsgeschichte. Überlegen wir uns einen Moment, was die Reliquien unserer Zeit sind: Es ist das Live-Dabeisein bei einem einmaligen Event. Es ist das Verbundensein mit Gegenständen, die eine Aura besitzen, die eine tiefe Verbindung zur eigenen Geschichte herstellen und damit Teil der Persönlichkeit sind. Es ist die Tatsache, wie wir auf Schauspieler, Sport- und Rockstars reagieren, die uns in der Werbung und den Medien ihre Marken zeigen: Luxusklamotten, Uhren, Autos, Orte, Gegenstände, Bücher, Lieblingsmusik und was auch immer es sonst noch an leicht reproduzierbaren Berührungsreliquien in unserer Zeit gibt. Wenn unser Idol Adidas-Klamotten trägt, dann tun wir das genauso. Welches Make-up trägt Beyoncé? Welche Uhr trägt George Clooney, wenn er Nespresso trinkt, den wir trinken, weil uns das ihm näherbringt?

So funktioniert das. Und es funktioniert umso besser, als die Zeiten unsicher sind und nach irgendeiner Ordnung rufen.

2 Die Welt, ein falscher Fuffziger

Lügen erscheinen dem Verstand häufig viel einleuchtender und anziehender als die Wahrheit, weil der Lügner den großen Vorteil hat, im voraus zu wissen, was das Publikum zu hören wünscht.
(HANNAH ARENDT,
DIE LÜGE IN DER POLITIK, 1972)[39]

Echte italienische Küche

»Wer die Wahrheit sagt, braucht ein schnelles Pferd«, heißt es in einem Kalauer. Nun sind solche Sprüche häufig auf soliden Erfahrungen gegründet. Alle wollen die Wahrheit hören, solange sie nicht die eigenen Wahrheiten infrage stellt. Dann wird es unappetitlich.

In Italien wird der Wirtschaftshistoriker Alberto Grandi von vielen geächtet, und zwar allein deshalb, weil er seine Arbeit ordentlich gemacht hat. Grandi erforscht die Herkunft jener »echten italienischen Küche«, die weltweit als führende Hochküche gerühmt wird und außerordentlich beliebt ist. Italienische Salami, Käse, Wein, Oliven und vieles andere mehr sind durch eine streng reglementierte Herkunftsordnung gekennzeichnet, die »Denominazione d'Origine Protetta«, die »geschützte Ursprungsbezeichnung«

(DOP). Wie schon bei der Ursprungsbezeichnung für Weine (DOC und DOCG) soll damit das Echte und Originale des Lebensmittels angezeigt werden. Ein Kampf gegen Fälschungen, der im Grunde allen recht sein müsste – Verbrauchern ebenso wie Anbietern.

Grandi aber hat 2018 ein Buch geschrieben mit dem Titel *Denominazione di origine inventata*, die »erfundene Ursprungsbezeichnung« also, woraus er mit seinem Kollegen Daniele Soffiati außerdem einen Podcast entwickelt hat, der auf breites Interesse stößt. Kein Wunder: Im Buch und in den Sendungen, längst auch in Interviews, zerlegt Grandi den Mythos der echten italienischen Küche gründlich.[40] Der Parmesan, wie ihn die ganze Welt schätzt, komme nämlich mitnichten aus Parma, der Stadt, in der Brodi lebt und lehrt, sondern aus dem amerikanischen Wisconsin, wo italienische Einwanderer ihn herstellten. Erst von dort kehrte der Käse zurück nach Italien, wo er längst vergessen worden war. Auch die Spaghetti Carbonara sind amerikanischen Ursprungs, und, wie der Journalist und Italienkenner Luci Bernet in der *Neuen Zürcher Zeitung* spitz bemerkt, selbst die Tomatensoße ist »eine Erfindung der Spanier, die man in Italien noch spät im 19. Jahrhundert als ›salsa spagnola‹ bezeichnete«.[41]

Der Verkauf von Sachen, die als Originale ausgegeben werden, um den Menschen das Gefühl der Identität und Echtheit zu vermitteln, ist der Herzschlag des Konsumkapitalismus. In der Massengesellschaft wurde das Prinzip aller industriellen Produktion, Bedürfnisse nie ganz zu befriedigen, damit man jederzeit einen Nachschlag kaufen muss, zur Perfektion umgesetzt. Der Fachbegriff für diesen Vorgang heißt Marketing. Die ursprünglich großartige Idee, den Menschen unterschiedliche Produkte und Dienstleistungen näherzubringen, hat sich schon lange verselbstständigt. Es geht nicht mehr um Kenntlichmachung von Vielfalt, das also, was die guten alten Marktschreier von jeher getan haben, die ihre Ware loben; Marketing fälscht vielfach Herkünfte, gibt Falsches als echt aus, kopiert Originale und okkupiert rücksichtslos fremdes geistiges Eigentum. Marketing, wie es heute oft gedacht und gemacht wird, ist kulturelle Aneignung par excellence.

Weil es uns aber ums Echte geht, was immer auch, ob wir wollen oder nicht, mit der »ganzen Wahrheit« zu tun hat, müssen wir hinzufügen, warum das funktioniert: weil die Menschen sich ihre vermeintliche Echtheit nicht nehmen lassen wollen. Ihre Sehnsucht danach ist groß, denn die Wahrheit und Wirklichkeit, die in ihr stecken, bestätigen die eigenen Wünsche und Sehnsüchte. Das gilt auch für den Geschmack.

Es bleibt jedoch kompliziert. Denn vieles von dem, was kopiert wird, die falschen Fuffziger, die sich in unserem Bewusstsein als Originale breitmachen, sie sind oft eigenständig geworden, zu Originalen zweiter Klasse. Das trifft in der Musik auf Cover-Versionen zu, die berühmter werden als das Original, nehmen wir beispielsweise nur Joe Cockers Version von »With a little help for my friends«, die er auf dem legendären Woodstock-Festival sang – ein bis dahin etwas beschattetes Original der Beatles. Der Erfolg der Cover-Version wiederum gab dem Original einen Schub, und heute dürften sich die Popularität des Originals und des Covers die Waage halten.

Das Wiener Schnitzel kommt auch nicht aus Wien, sondern aus Mailand; ein Großteil der viel gerühmten Wiener Küche ist nichts anderes als ein Spiegelbild der vielfältigen Kulturen und Originale der Habsburger-Monarchie, die hier fusioniert haben. Fusion-Kitchen ist nicht neu, sondern fast überall Realität. Gibt es am Ende das Echte gar nicht?

Es zeigt sich nur, dass das, was sich als echt ausgibt, noch lange nicht echt ist, oder genauer: dass es eben viele Bereiche gibt, in denen Echtheit und Einmaligkeit und Herkunft und Originalität in sehr unterschiedlichen Dosen etwas Unverwechselbares gestalten. Die Anteile sind verschieden oder, wie es Patent- und Urheberrechtsanwälte sagen würden: Es kommt auf die »Schöpfungshöhe« an.

Italien, ein erst in der zweiten Hälfte des 19. Jahrhunderts entstandener Nationalstaat, dessen höchst unterschiedliche Kulturen und Sprachen zwischen Turin und Taormina erst durch künstliche, politische Maßnahmen halbwegs vereinheitlicht werden mussten, ist besonders abhängig von einer »eigenen Identität«, von Echtheit, Originalen. Denn selbst das »Italienisch« ist zunächst nur ein florentinischer Dialekt, der zur Hochsprache ernannt werden musste. Das erklärt auch den extremen nationalen Kult, den Benito Mussolini und seine Republikanische Faschistische Partei treiben konnten. Das Land, das eigentlich wenig einig war, war anfällig für eine Klammer, ein großes Ganzes, auch wenn es bis heute nicht so recht damit klappen will.

Wenn sich Nationen auf die Suche nach ihren Wurzeln machen, stellen sie schnell fest, dass es nicht eine, sondern viele gibt, die wild durcheinander verwachsen sind. Der radikale Weg ist der rationale, der den Blick freigibt auf das, was ist, zumindest theoretisch, denn Nationalisten verweigern sich dieses Echtheitstests ihrer Herkunft konsequent. Nationalismus bedeutet Vereinheitlichung, Identität, die auf einen Nenner gebracht werden muss. Deshalb gebiert dieses System immer Opportunisten und Assimilanten, die sich ganz besonders engagiert für die »gute Sache der Nation« einsetzen. Wer das anzweifelt, gilt als Verräter.

Grandis Kritik an der »original italienischen Küche« wird als Kränkung empfunden. Sein berechtigter Einwand, dass diejenigen, die sich über seine Arbeit beschweren, mal die Geschichte der eigenen Vorfahren studieren sollten, prallt an diesen Konstruktionen ab. »Gastro-Nationalismus« nennt Grandi das, typisch für ein Land, das »mit der Moderne nicht zurechtkommt und deshalb in einer konstruierten Wirklichkeit leben will«.[42] Dabei wisse eigentlich jeder, dass Millionen Italiener aus bitterer Armut und mit knurrenden Mägen ausgewandert seien, bis weit ins 20. Jahrhundert hinein. Aber die Konstruktion, der Mythos, ist stärker.

Normalos

Die Dummheit ist mächtig, und die Politik richtet sich nach ihrer wichtigsten Ressource, den Vorurteilen und Gewohnheiten ihrer Klienten. Dieses Beispiel wurde gewählt, um sich nun der nächsten Frage zuzuwenden, die bei der Echtheit eine große Rolle spielt.

Zum einen ist die Realität das, was wir wahrnehmen wollen – aber eben auch sollen. Damit hängt die Frage, ob wir etwas für echt und einzigartig halten, ein Original, auch davon ab, was wir gelernt haben. Kultur, das werden wir in diesem Zusammenhang immer wieder sehen, ist ein anderes Wort für Normalität.

Beim Lernen denken wir schnell an jene klaren und eindeutigen Regeln, die man uns in der Schule oder an der Universität beigebracht hat. Daneben werden wir, übrigens auch an Schulen und Universitäten, vor allem mit etwas abgerichtet, was Normalität heißt. Normalität ist »das Selbstverständliche in einer Gesellschaft, das nicht mehr erklärt und über das nicht mehr entschieden werden muss. Dieses Selbstverständliche betrifft soziale Normen und konkrete Verhaltensweisen von Menschen. Es wird durch Erziehung und Sozialisation vermittelt.«[43] Der Wikipedia-Eintrag führt weiter aus: »In der Psychologie bezeichnet Normalität ein erwünschtes, akzeptables, gesundes, förderungswürdiges Verhalten im Gegensatz zu unerwünschtem, behandlungsbedürftigen, gestörtem, abweichenden Verhalten.«[44]

Hier sind wir an einem Kern des Themas der Bedeutung der Einzigartigkeit angelangt. Echtheit, Originalität, ist immer Differenz, erkennbarer Unterschied zu dem, was »normal« und »konform« ist. Keine Marke, kein Star, kein Talent und übrigens auch genau das Gegenteil davon wären bemerkbar, wenn sie normal oder konform wären. Nichts davon wirkt, wenn es einfach nur so ist wie etwas, das es schon gibt. Normalität und Konformität sind also geradezu das Gegenteil dessen, was Innovation und Transformationsfähigkeit, Originalität und Einzigartigkeit ausmachen.

Das erklärt, warum politische Populisten heute so erbittert um den Begriff der Normalität streiten. Es geht schlicht darum, die Wirklichkeit unter einen Hut zu bringen, der einem passt, und der natürlich alles andere ausschließt, was es an Differenz gibt.

Konformismus

Konformismus bedeutet, die eigene Position, Meinung und Persönlichkeit aus Prinzip hinter die der Gesellschaft, in der man sich befindet, zurückzustellen, ja, die eigene Persönlichkeit all dem unterzuordnen, was »man« zu denken und zu tun hat. Konformismus führt dazu, dass bessere Lösungen, Innovationen, Erneuerungen und Ideen nicht ausgesprochen werden.

Konformismus ist das Nicken, wenn der Chef etwas sagt. Es ist das skeptische Hochziehen der Augenbrauen, wenn das die Kollegin tut, die es »immer besser weiß als die anderen«, weil sie einfach ihre Arbeit ordentlich machen will und nicht bloß mitlaufen – eine Verräterin an der Illusion. Konformismus ist der Feind des Echten, weil die Konformisten sich stets die Verkleidung des »Großen und Ganzen« anziehen. Konformisten sagen »aber man weiß doch«, weil sie gar nichts wissen wollen.

Wir dürfen Konformisten nicht mit Opportunisten verwechseln. In unserem Sprachgebrauch haben sich beide Begriffe zu eineiigen Zwillingen entwickelt. Tatsächlich sind Konformisten Mitläufer, also diejenigen, die im Dritten Reich weggeschaut haben, wenn die Nachbarn abgeholt wurden, und die heute wegschauen, wenn in den Firmen, in der U-Bahn, auf der Straße Gewalt und Ungerechtigkeit geübt wird. Opportunisten ergreifen Möglichkeiten, die sich ihnen bieten, Opportunitäten, was natürlich nicht heißt, dass sie das nicht auf einer Wertebasis tun, die persönlich abgewogen ist. Der entscheidende Unterschied zwischen Konformisten und Opportunisten ist aber die eigene, persönliche Beteiligung: Konformisten sind Schreibtischtäter, eine Bezeichnung, die Hannah Arendt am Beispiel des Eichmann-Prozesses in Jerusalem im Jahr 1963 als Begriff eingeführt hat.

Es sind die Menschen, die nur tun, was man ihnen gesagt hat – Befehle ausführen oder »ihre Arbeit machen«. Ob wir wollen oder nicht, es ist überdeutlich: Diese Art von

Mitarbeitern ist die, die nachgefragt wird. Es sind Leute, die Routinearbeit erledigen, nachmachen, also Prozesse, die ihnen vorgegeben sind, ausführen und damit kopieren. In der Welt der digitalen Automation und der künstlichen Intelligenz laufen wir mit dieser großen Mehrheit an Mitmachern gegen die Wand. Das gilt natürlich nicht nur hierzulande, sondern für alle sich als »Industrienation« missverstehenden Kulturen im Westen und anderswo. Wir fördern einen Menschenschlag, der davon überzeugt ist, dass Geschäftigkeit und Fleiß wichtiger sind als das intensive Nachdenken, wie man Neues und Originelles schafft. Damit ist das Unechte bereits der Favorit in unserer Kultur. Wo Nachmachen mehr gilt als Selbermachen, hat das Original schlechte Karten – und die Zukunft des Wohlfahrtsstaats übrigens auch.

Herdentrieb

Das kritische Zweifeln ist der Echtheitstest, um den es hier immer wieder gehen soll. Die Industriegesellschaft fördert diese Idee nicht, im Gegenteil.

Vor mehr als neunzig Jahren schrieb der spanische Soziologe José Ortega y Gasset: »Die Sozialisierung des Menschen ist ein erschreckendes Unterfangen. Sie begnügt sich nämlich nicht damit, von mir zu fordern, daß mein Eigentum auch für die anderen sei, sondern sie zwingt mich, das der anderen als das meine anzunehmen, zum Beispiel die Ideen und Neigungen der übrigen, aller. Verboten ist alles, was anders ist, was privates Eigentum ist, ebenso wenig ist es erlaubt, Überzeugungen zum ausschließlichen Gebrauch jedes Einzelnen zu besitzen.«[45]

Das private Eigentum ist die eigene Idee, das persönliche Denken, das kritische Zweifeln, das Überlegen, ob etwas, das man in Büchern, heute im Fernsehen oder Internet, liest oder sieht, denn richtig sein kann, das eigene Nachdenken, das neugierige Nachfragen – kurzum alles, was Originalität und Einzigartigkeit entstehen lässt. Das Kollektiv, das heute die Normalität bildet, ist wütend und gefährlich. Es ist das Kollektiv, das in Faschismus, Stalinismus und Maoismus Millionen Menschen rücksichtslos ermordet hat, und zwar um dabei zu sein, mitzulaufen, eben nicht um selbst zu denken und zu handeln.

Im Nachkriegsdeutschland wurde auf alte Nazis mehr Rücksicht genommen als auf deren Opfer, und nach der Wende war es wichtig, die »Gräben zuzuschütten«, wie die Politik meinte. Deshalb kann nach nur einer Generation nach dem Ende der DDR, der linkstotalitären Diktatur, die rechtstotalitäre Diktatur dort wieder erstarken, wo die Gräben provisorisch zugeschüttet wurden. Es ist so einfach. Es ist so gruselig. Und es hört nicht auf, weil wir immer noch nach der alten Kultur, dem unseligen Betriebssystem von gestern, laufen, in dem das einzigartige, das persönliche Denken ein Verbrechen ist.

Ortega y Gasset erkannte das Muster: »Man läßt den Menschen keinen Winkel mehr, in den er sich zurückziehen, wo er mit sich allein sein kann. Aufgebracht protestieren die Massen gegen jede Reserve unseres Selbst«, schreibt er. »Wahrscheinlich rührt diese Wut gegen alles, was individuell ist, daher, dass sich die Massen in ihrem Innersten dem Schicksal gegenüber schwach und ängstlich fühlen. [...] Anscheinend sehnen sich heute viele Menschen nach der Herde zurück. Leidenschaftlich ergeben sie sich dem, was in ihnen noch vom Schaf vorhanden ist. Sie wollen in Gemeinschaft durchs Leben gehen, auf dem Kollektivweg, in Tuchfühlung und mit gesenktem Kopf. Daher der Wunsch vieler Völker Europas nach einem Hirten und einem Hund.«

Hirten und Hunde, Hitler, Mussolini, Stalin, Franco, sie alle standen schon bereit. Und vor lauter Angst vor der eigenen Einzigartigkeit und der damit verbundenen Selbstverantwortung wurden aus den Schafen Wölfe, die, noch fünf Jahre bis zum Zweiten Weltkrieg, die Welt in Stücke rissen.

Idioten

»Die Realität ist das, was nicht weggeht, wenn man aufhört, daran zu glauben« – dieses Zitat des US-amerikanischen Autors Philip K. Dick bringt es auf den Punkt: Es gibt sie, die echte Realität, sie interessiert sich nicht für unsere Konstruktionen. Sie ist nicht anfällig für unseren Glauben, für unsere Irrtümer. Sie ist da. Und es ist sehr vernünftig, sich mit ihr auseinanderzusetzen.

Es gibt eine echte Realität, die naturwissenschaftlich überprüfbar ist und der wir uns kritisch fragend nähern. Wir stellen sie in Experimenten und Forschung, durch Messen und Analysieren fest. Aber das, was Menschen als wahr empfinden, als Wahrheit und damit als Wirklichkeit, ist noch einmal etwas ganz anderes. In unserem Kopf findet sich in aller Regel keine Datenbank der reinen Vernunft, des naturwissenschaftlichen Ergebnisses, sondern ein mehr oder weniger wildes Durcheinander an Erfahrungen, Vorurteilen und Gewohnheiten. Dieses Chaos, das wir durchaus mit Gleichgesinnten – Freunden, Kollegen, Familien, Mitbürgern – teilen, nennen wir Kultur.

Im Altgriechischen ist der »idiotes« jemand, der sich aus den Mühen des öffentlichen Verhandelns, der Kritik und der schweren Arbeit des Hinterfragens heraushält, jemand, der sich mit dem zufriedengibt, was er denkt und hat. Ein »Kulturmensch«, jemand, der findet, dass seine Wirklichkeit die einzig mögliche ist und der nicht scharf ist auf Neues. Idioten sind es, die nachahmen, sich anpassen, nicht rausgehen, nicht konfrontieren, außer sie verteidigen ihre absurden Verschwörungstheorien, weil sie die dahinterstehenden geistigen Bequemlichkeiten bedroht sehen. Dann erst wird der Idiot kurzfristig zum »Querdenker«, der aber nichts anderes als ein Querulant ist. Seine Wahrheit ist seine Wahrheit, so falsch die zugrunde liegenden Annahmen auch sind. Er hält sich raus, stellt sich keiner Diskussion. Er hat seine Kultur. Die nickt ihm andauernd zu. Doch davon geht die Realität nicht weg. Sie kommt immer wieder zurück, mit Zins und Zinseszinsen.

Propaganda

»Wissen ist Macht, folglich sind Falschinformationen eine Waffe.«[46] Wer verspricht, er könne das Echte stets vom Falschen mühelos unterscheiden, lügt, produziert selbst Falsches. Das gilt umso mehr, als die sozialen und kulturellen Lebensumstände, die in Schule, Beruf, Familien und Gesellschaft vorgegeben werden, selbst die kritischsten Geister irgendwann einmal mürbemachen – dann gehen wir dem Falschen auf den Leim. Propaganda ist nun nicht einfach nur eine plumpe Lüge oder Fälschung. Propaganda konstruiert eine glaubwürdige Wirklichkeit, eine »gute Story«, wie man das seit dem 20. Jahrhundert nennt.

Das ist die eigentliche Ware, die Diktaturen, Ideologien, Parteien und Organisationen, Kirchen, Sekten anbieten. Sie alle sind »Content-Produzenten«. Und das muss man einmal richtig lesen: Content produzieren, das ist ja keineswegs das, was echter Journalismus tun soll. Dieser stellt keine Inhalte her, er stellt sie dar. Er macht sie zugänglich, nicht leicht konsumierbar.

Als im 17. Jahrhundert die ersten Zeitungen von Amsterdam aus aufkamen, wurden die Nachrichten einfach nüchtern aneinandergereiht. Darunter fanden sich auch die Propagandastücke, die verschiedene Interessengruppen verbreiteten, aber man hielt die Leser für klug genug, dass sie das von sich aus erkennen würden. Das heißt nicht, dass man Fake News nicht als solche kennzeichnen soll, dass es aber kaum möglich sein wird. Ohne kritische, gebildete, konstruktiv zweifelnde Leser und Rezipienten ist gegen diese Fälschungen kaum etwas auszurichten. Denn wer alles glaubt, geht auch allen Gerüchten auf den Leim und hält Korrekturen davon wiederum für den eigentlichen Fake.

Demokratie bedeutet nicht, dass alle alles glauben oder verwerfen, sondern dass ein vielfältiges Publikum sich selbstständig seine Meinung bildet, sogar wenn diese Meinung aus der Perspektive der Naturwissenschaft völliger Unsinn ist. Sichergestellt muss nicht sein, dass alle das Gleiche »glauben«, sondern dass Kritik und Fakten nicht verboten werden. Es braucht keine politischen Influencer. Es braucht mündige Bürger.

Damit freilich hat das Gros dessen, was uns nicht erst seit dem World Wide Web und seinen Netzwerken und Kanälen geboten wird, nichts zu tun. Auch der Großteil dessen, was sich Journalismus nennt, hat eine Agenda, die mal »hidden«, also versteckt, oder aber ganz offen gespielt wird, je nach politischer Lage. Wikipedia hat im Eintrag zur »Vierten Gewalt« zur Kontrollfunktion einer unabhängigen Presse vor allen Dingen historische Rückblenden zu bieten, während dort bereits von einer »Fünften Gewalt« des Lobbyismus und der sozialen Medien die Rede ist.[47]

Schon lange vor dem Auftreten von Facebook, X und Co. haben die alten Medien ihre Rolle leichtfertig aufs Spiel gesetzt, unter finanziellem, aber auch politischem Druck. Kommentare waren früher klare Meinungsstücke, die deutlichst von all dem abgehoben waren, was an objektiver Berichterstattung zu lesen war. Auch wenn sich nicht alle daran hielten, es herrschte wenigstens der Versuch des gleichen Abstands, der Äquidistanz. Echter Journalismus, der in sogenannten Qualitätsmedien erschien, folgte dem Prinzip, das der Fernsehjournalist Hanns Joachim Friedrichs im Jahr 1995, kurz vor seinem Tod, im Nachrichtenmagazin *Spiegel* deutlich formulierte: »Das hab' ich in meinen fünf Jahren bei der BBC in London gelernt: Distanz halten, sich nicht gemein machen mit einer Sache, auch nicht mit einer guten, nicht in öffentliche Betroffenheit versinken, im Umgang mit Katastrophen cool bleiben, ohne kalt zu sein. Nur so schaffst du es, daß die Zuschauer dir vertrauen, dich zu einem Familienmitglied machen, dich jeden Abend einschalten und dir zuhören.«[48]

Zu Recht haben viele Journalisten mit einem Hang zur eigenen Meinung darauf bestanden, dass diese Festhaltung Friedrichs' nicht bedeuten könne, dass Medien, insbesondere öffentlich-rechtliche Rundfunkanstalten, sich jeder Meinung enthalten müssten. Tatsächlich sind die öffentlich-rechtlichen Medienhäuser im deutschsprachigen Raum von jeher das Objekt der Begierde der Parteien, in einigen Ländern mehr, in anderen weniger. Man kann zwar so tun, als sei alles auf das herrlichste objektiv, aber das ist blanker Unsinn. Es gibt überall Journalisten, die wenigstens parteinah in ihre Anstellung geraten sind, und es gibt welche, die den redlichen Versuch unternehmen, überall hinzusehen und sich gleichermaßen mit allen anzulegen. Diese Spezies ist exponiert und vom Aussterben bedroht. Beliebter sind Konformisten zum Systemerhalt und – zur Erbauung des Publikums – jene Sorte polarisierender Influencer, die lieber auf Krawall setzen als auf einen halbwegs objektiv ausgerichteten Erkenntnisgewinn.

Quoten sind wichtiger als Qualität. Das ist eine Binse, aber dass sie eine ist, ist eigentlich bis heute, nicht nur im Fernsehen oder im Internet, ein ungeheurer Skandal und eine grandiose Dummheit, welche die Demokratie gefährden. Das gilt auch für all jene, die ständig laut aufschreien, wenn sie kritisiert werden und diese Kritik gern als Generalangriff auf die Demokratie missverstehen. Auch mit diesen Manipulatoren darf man sich nicht gemeinmachen, muss mit ihnen cool umgehen und ihnen deutlich sagen, wo die Grenzen liegen.

Propaganda ist, ganz gleich in welcher Absicht, Manipulation, organisierte Fälschung, Betrug. In seinem famosen Buch *Propaganda* stellt der Kommunikationswissenschaftler Thymian Bussemer ein Zitat von Erich Kästner aus dessen Beitrag »Reklame und Weltrevolution« voran,[49] veröffentlicht erstmals 1930 in der Zeitschrift *Gebrauchsgraphik*. Kästner greift dabei den bis zum Zweiten Weltkrieg gebräuchlichen Begriff der Propaganda für die Produktwerbung auf – und rückt ihn in ein größeres Ganzes: »Der Begriff der Propaganda hängt nur irrtümlicherweise ausschließlich mit Handelsartikeln zusammen, er gehört genauso gut zu den großen und größten Ideen der Menschheit. Ohne Propaganda kann gar nichts verbreitet werden, keine Philosophie und keine Seife. Propaganda ist das Medium aller Werte geworden.«[50]

Napoleons PR-Coup

Nun ist es bekanntlich so, dass ausgerechnet diejenigen, die am meisten für ihre Glaubenslehren Propaganda benutzen, sie bei der Konkurrenz am stärksten beklagen. Das war immer so – und die sozialen Netzwerke sind heute nur eine Fortsetzung der alten Glaubenskämpfe und Kulturkriege, die über die Propaganda ausgetragen werden.

Im Jahr 1622 wurde die päpstliche Sacra Congregatio de Propaganda Fide gegründet, die Heilige Kongregation für die Glaubensverbreitung; in diesem Zusammenhang wurde der Begriff erstmals gebraucht. Propaganda leitet sich vom lateinischen »propagare« ab, was so viel heißt wie »ausbreiten, ausdehnen, verbreiten«. Worum es dem Vatikan ging, ist klar: Das frühe 17. Jahrhundert stand ganz im Zeichen der Gegenreformation. Die katholische Macht in Rom und deren Fürsten befanden sich im offenen Konflikt mit ihren Gegnern aus dem Lager der Protestanten. Der Dreißigjährige Krieg wütete bereits vier lange Jahre. Und das Jahrhundert davor war von blutigen Konflikten um den »wahren Glauben« durchdrungen. In der katholischen Propaganda ging es nun darum, die Andersgläubigen nicht, wie bis dahin üblich, durch die Macht des Schwerts oder durch Folter, Galgen, Scheiterhaufen zuzüglich Aussicht auf ewiges Fegefeuer zu »überzeugen«. Damit wurde zwar gedroht, vor allem aber ging es nun um gute Worte. Wirksame Propaganda setzt Massenmedien voraus. Propaganda diente also als Erziehungs- und Nivellierungsmittel, mit dem man sich den Aufwand der persönlichen Aburteilung aller Zweifler ersparte: Man machte lieber alle durch ideologische Einwirkung »katholisch«, statt sie einzeln auf dieses religiöse Ziel hinzuprügeln, was deutlich ökonomischer war und überdies weniger Märtyrer schuf. Der Elite-Orden der Jesuiten entwickelte darin seine Meisterschaft. Die Propaganda war reine Reklame – im Wortsinn: Die Jesuiten reklamierten den Katholizismus als Original. Ihre protestantischen Widersacher behaupteten allerdings auch nichts anderes, als die wahren, mithin echten Christenmenschen zu sein, die, die im Sinne Jesus' lebten und dachten.

Das im Kirchenlatein eingeführte Wort »catholicus« leitet sich vom griechischen »katholikós« ab, was »das Ganze betreffend, allgemein« bedeutet. Es ist ein Begriff, der untrennbar mit der zentralen Wertvorstellung des Abendlands zu tun hat, dem Universalismus. Der sucht nicht nach gleichen Chancen, sondern will gleiche Verhältnisse schaffen – eindeutig, was die Macht angeht, alternativlose, was alle Lebenslagen betrifft. Propaganda, wie sie in Rom gedacht wurde und auch später, ist eine manipulative Technik, die eine feste, klare Entscheidung verkaufen soll. Die »gute Story« schlägt jeden Zweifel.

Je weniger wir also zweifeln, hinterfragen, was uns da erzählt wird, desto wirksamer wird die Geschichte. Es ist praktisch unmöglich, dem Falschen, der guten Story, der Propaganda nicht auf den Leim zu gehen. Ihre Kunst besteht darin, das anzusprechen, was bereits in uns vorhanden ist. Eine der infamsten Phrasen der neudeutschen Sprache in diesem Zusammenhang lautet »die Menschen abholen«. Dabei handelt es sich immer um Manipulation, wenigstens um den Versuch. So reden Politiker, Marketingleute, und weil heute, in der Aufmerksamkeitsökonomie, niemand mehr nichts zu verkaufen hat, eigentlich alle.

In der Auseinandersetzung zwischen Katholiken und Protestanten im 17. Jahrhundert wird dies bereits bemerkt. Die protestantischen europäischen Länder erlauben deutlich mehr Wissenschaft und kritischen Zweifel, auch wenn von freier Meinungsäußerung und Lehre und Forschung keine Rede sein kann. Die Absicht des Papsts wird erkannt: Propaganda gilt bald als Schimpfwort, ein Begriff, der versucht, der Lüge und dem Falschen auf die Beine zu helfen.

Folgt man Bussemers historischer Entwicklungsgeschichte der Propaganda weiter, landen wir in der folgenreichen Ära der Französischen Revolution, zwischen 1789 und den folgenden acht, neun Jahren bis zur Machtergreifung Napoleon Bonapartes. Bevor der Große Terror unter Robespierre und Saint-Just begann, waren es wie heute die großen Worte und die guten Storys, die verbreitet wurden. Die Revolutionäre erkannten schnell, wie wirksam konstruierte Ereignisse und Gerüchte für ihre Sache sein konnten. Die Revolution trat im Namen der Vielfalt an und legte bald alle um, die da nicht mitmachen. Und das waren nicht nur die erklärten Feinde unter den Royalisten, die ihrerseits keine Gefangenen machten, sondern eben »die Kinder der Revolution«, genauer: jener marginalisierte Teil, der sich dem differenzierten Menschenbild der Aufklärung verpflichtet fühlte und auf der Guillotine landete. Napoleon, der Überlebende der »Guten Story«, erwies sich als Meister dieser Disziplin.

Sein Meisterstück wird bis dato nicht durch Fake Videos, manipulierte Nachrichten und Bilder übertroffen. Propaganda, das ist, was man heute Public Relations nennt, ein Begriff, der die Sichtweise der Manipulation einnimmt.

Denn gemeint sind nicht die öffentlichen Angelegenheiten, wie sie sind, sondern das Bild von einer Firma oder Partei oder Sache, wie sie in der Öffentlichkeit erscheinen soll. Gute Public Relations erzählt gute Storys, die die Realität, wie sie ist, in die Tasche stecken.

Napoleons Public-Relations-Coup – vielleicht überhaupt die Geburtsstunde des Genres – war die Krönungszeremonie am 2. Dezember 1804 in Notre-Dame in Paris. Er lud Papst Pius VII. nach Paris ein, der dem Kaiser der Franzosen die Krone aufsetzen sollte. Frankreich war bis zur Revolution eine stabile Machtbasis des Katholizismus. Doch statt einer zweiten Chance wurde diese Reise für den Vatikan zu der wahrscheinlich folgenschwersten Niederlage in seiner Geschichte. Erst ließ Napoleon den Papst alle Riten zur Kaiserkrönung durchführen, die Salbung mit Öl und die Segnung der Krone und Reichsinsignien, ganz so, wie das bei den Vorgängern, den Kaisern des Heiligen Römischen Reichs Deutscher Nation, der Fall gewesen war. Nun sollte der Papst, wie seit jeher, die Krone aufnehmen und dem Fürsten auf den Kopf setzen. Das hieß: Ich, als Gottes Stellvertreter, lasse es zu, dass du, letztlich ein sündhafter Mensch und in der Hierarchie natürlich unter uns, Kaiser sein darfst. Immer wieder hatten Fürsten gegen diese Hackordnung rebelliert, geändert aber hatte sie keiner. Napoleon hingegen schritt an diesem 2. Dezember in der eiskalten Kathedrale von Notre-Dame selbst zügig zum Altar, wo der Papst eben die Krone gesegnet und damit legitimiert hatte, hob sie an und setzte sie auf, legte sie ab und setzte sich einen goldenen Lorbeerkranz auf den Kopf.

Gute Public Relations, gute Propaganda, gute Werbung tun so, als ob sie die Regeln brechen würden, grundlegend. Tatsächlich aber tun sie das nicht, sie erwecken nur den Anschein. Napoleon zeigte, dass die Macht der katholischen Kirche beendet war – der Papst war nicht mehr der Chef. Dafür handelte Napoleon authentisch im Sinne der Geschichte der frühen Französischen Revolution, in der der selbstbestimmte Mensch handelt, nicht Gott, nicht der König. Es ist grotesk: Die neue Diktatur bediente sich der gesamten Propaganda jener, die das Ancien Régime, die alte Herrschaft und ihre Gewalt, beseitigen wollten.

Auf die Fälschung der einen – wir sind gottgewollte Herrscher – folgt die nächste: Ich bin ein souveräner Mensch, seht her. Dieses Modell ist seit der Französischen Revolution salonfähig und wirkt für die meisten Menschen echt. Revolutionäre sind irgendwie cool und authentisch, und deshalb punkten sie bei jungen Menschen, die sich ja in der Tat von ihren Alten emanzipieren müssen, um auf eigenen Beinen zu stehen.

In fast allen Revolutionen statten sich die Revolutionäre mit absolutistischer Macht aus, ganz gleich, ob diese Aufstände oder Machtergreifungen nun von links oder rechts kommen, 1917 in Sankt Petersburg oder 1933/34 in Berlin stattfinden. Und allen gemeinsam ist die Erzählung, dass brutale Gewalt gegen den politischen Gegner »leider« nötig ist, damit das Gute gewinnen kann. Das funktioniert, schon lange und immer wieder, machen wir uns da nichts vor.

Auch die industrielle Revolution lebte von der Propaganda, sie trieb die neuen Technologien voran und beflügelte deren Feinde. Bei denen fallen uns immer wieder die Maschinenstürmer auf und Technikgegner ein, die ja bis heute in großer Zahl ihre Bedenken vorbringen. Die Maschinenstürmer sind dabei noch am unverdächtigsten, denn ihre Arbeit und Existenz waren durch die neuen Techniken ja tatsächlich bedroht, und wenn der berüchtigte »Rage

Against the Machine« in England seine Stahlhammer gegen die Webstühle knallte, dann hatte das durchaus reale Ursachen. Klassische Propaganda gegen die Werkzeuge und Ergebnisse der industriellen Revolution betrieben eher jene, die behaupteten, dass Menschen ab circa 30 Kilometern pro Stunde, dem Top-Speed damaliger Lokomotiven, der Verstand abhandenkäme und kurz darauf der Kopf platzen würde. Zwar hat die Raserei in den folgenden Jahrzehnten die Menschen nicht klüger gemacht, doch war das, zweifelsohne, nichts weiter als eine Räuberpistole. Schon damals beginnt jene knallharte Propagandaschlacht, in der auf der einen Seite die siegreichen Aufsteiger aus industrieller Revolution und Naturwissenschaft, aus Ökonomie und Technik stehen und auf der anderen Seite jene, die sich mangels eigenen Engagements und eigener Kenntnis in diesen Feldern zu den Verlierern der Geschichte inszenieren, um umso heftiger aus dieser Position die vermeintlichen Sieger anzugreifen und dadurch Vorteile zu erlangen.

1817, Napoleon war Geschichte, aber die Ideen der Revolution hatten sich durchgesetzt, Industrie und Naturwissenschaften boomten. Am Genfer See traf sich eine kleine Runde englischer Romantiker. Der Dichter Lord Byron und sein weniger bekannter Kollege Percy Shelley waren darunter sowie dessen Geliebte und künftige Frau Mary Wollstonecraft. Zur Unterhaltung erzählte sich die Gruppe möglichst spannende Geschichten, gruselig, der düsteren Atmosphäre entsprechend. Die beste Geschichte kam von der literarischen Quereinsteigerin Wollstonecraft. Sie berichtete von einem künstlichen Menschen, zusammengeflickt aus Leichenteilen, den der fiktive deutsche Mediziner Frankenstein geschaffen hatte. Eine Versuchung Gottes, der Natur und, das ist das eigentliche Motiv der Erzählung, der intellektuell herrschenden Klasse, der Wollstonecraft angehörte.

Sie kam aus einem, heute würde man sagen, progressiven Haus, das der Französischen Revolution verpflichtet war, aber das »Diktat« der Industrie und Technik ablehnte. Diese Haltung war üblich. Die Eliten hatten sich jahrelang gegen Fürsten und Kirchen gestellt, immer in der Hoffnung, die neue Welt nach ihrer, sehr lyrischen Fasson gestalten zu können. Schon unter den Aufklärern finden sich Fundis und Realos, Diderots und Rousseaus sozusagen, und zu den Fundis, den Rousseaus, zählten sich auch die Romantiker am Genfer See. Damit, dass Technik und Fortschritt Probleme lösen und nicht die guten Worte, hatten sie alle nicht gerechnet. In diesem Geist schrieb Johann Wolfgang von Goethe, der sich zwar immer von der Romantik distanziert, die er mit angestiftet hat, seinen »Zauberlehrling«.

Es ist kein Zufall, dass auch heute noch die Auseinandersetzungen über Atomkraft, Biotechnologie, Pharmaforschung wie Technik und Naturwissenschaften im Allgemeinen im Fokus dieser Propaganda stehen. Und wiederum umgekehrt diese alles tun, um ihre Kritiker und deren Zweifel durch übertriebene Aussichten auf ihre Seite zu ziehen. Propaganda ist nicht nur das Medium aller Werte geworden, es setzt sich zunehmend an die Stelle aller Werte und entzieht sich dem Zweifeln durch unablässiges Manipulieren aller, die sich ihm nähern.

Massengesellschaft

In Ben Afflecks Film *Argo* über die Tage der Geiselnahme der US-amerikanischen Botschaftsangehörigen durch iranische Revolutionsgarden gibt es den klugen Satz: »Die Geschichte ist nur eine Geschichte, bis die Leute sie glauben. Dann nennen sie sie: die Wahrheit.«. Dieser Spruch steht wie kein zweiter für die Propaganda, wie sie sich in der Massengesellschaft der Industrialisierung des 19. und 20. Jahrhunderts entwickelt hat.

Propaganda wurde im Lauf der Jahrzehnte zum zentralen Steuerungsinstrument. Die Gründe dafür sind einleuchtend: Die Industrialisierung führte zu einer nie zuvor gekannten Komplexität, die Spezialisierung durch Arbeitsteiligkeit nahm zu. Gleichzeitig entstanden komplexe Zentren, das Leben verlagerte sich vom Land, dem Biotop der Agrargesellschaft, in die Städte – ein Vorgang, der bis heute andauert. Die Dichte und Gedrängtheit ließen keine Atempause, niemandem. Nicht die Bedrängten und nicht ihre Herren konnten je vergessen, welche Kraft sich da entfaltete. Dazu Technik, die immer weniger verstanden wurde. Das Gefühl des Kontrollverlusts wuchs. Die Masse wurde zum zentralen Thema, der Begriff der Gesellschaft tauchte auf, die junge Soziologie wollte verstehen und erklären, was da eigentlich passierte. Die Massen hatten ihre Medien, die Zeitungen. In diesen Massenmedien wurde Politik gemacht, Propaganda normal, Manipulation allgegenwärtig.

Gustave Le Bon schrieb seine *Psychologie der Massen* 1895, und er wurde von Propagandisten wie Lenin, Stalin, Goebbels und Hitler gleich verstanden: Die Massen müssen mit einer eindeutigen »Wahrheit« zusammengehalten werden. Massen sind sonst nicht kontrollierbar. Die Massen brauchen eine straffe Führung. Denn Masse, das bedeutet schon in sich ein gefährliches Tier mit unzähligen Armen und Köpfen, die alle auseinanderstreben. Masse, das ist das Chaos, das nach Kontrolle schreit. Deshalb sind Totalitäre immer fürs Kollektiv zu haben, denn dann sind ihre Dienste als Zuchtmeister gefragt.

Nun haben wir schon die üblichen Verdächtigen der Manipulation und der Wirklichkeitsverzerrung der Geschichte aufgezählt, aber lassen wir den Nazi-Propagandaminister und seine Gesinnungsgenossen mal außer Betracht. Joseph Goebbels perfektionierte das perfide Spiel mit einer Scheinwirklichkeit nur. Er optimierte, was damals fast jeder dachte. Auch die, die ihre Propaganda und ihre Manipulation im Namen der Vielfalt und Demokratie vom Stapel ließen.

Public Relations

»Die bewusste und zielgerichtete Manipulation der Massen ist ein wesentlicher Bestandteil demokratischer Gesellschaften. Organisationen, die im Verborgenen arbeiten, lenken die gesellschaftlichen Abläufe. Sie sind die eigentlichen Regierungen in unserem Land.« Das schreibt 1928 der damals 37-jährige Edward Bernays, ein in Wien geborener US-Bürger. Er kam als Einjähriger in die Neue Welt. Seine Mutter Anna war die Schwester des Mannes, der das Reale und bloß Vorgestellte wie niemand vor ihm zusammendachte, der Begründer der Psychotherapie Sigmund Freud.

Edward Bernays gilt als wichtigster Vertreter der neuen Public Relations, und sein Buch *Propaganda. Kunst der Public Relations*[51] ist bis heute einer der lesenswertesten Beiträge zum Thema Echtheit, Authentizität und Konstruktion, nicht nur für die Welt der Wirtschaft und Politik. Bernays, Leitsatz, mit dem sein Buch beginnt, ist ernst gemeint. Er ist fest davon überzeugt, dass die Menschen, die uns manipulieren, nur unser Bestes wollen, dass Propaganda die Welt also zum Besseren hinbiegt. Die Leute sind einfach zu dumm, um es von sich aus hinzukriegen. Das ist gar nicht so weit weg von den Visionen und Utopien heutiger Gesellschaftsingenieure. Das, was ist, ist nicht gut genug, und deshalb verändern wir es und erklären es, damit das jeder versteht, zu etwas, was als Wirklichkeit erscheint.

Die Macher dieser Wahrheit, die Propagandaexperten, Public-Relations-Leute, Spindoktoren, sie »beeinflussen unsere Meinungen, unseren Geschmack, unsere Gedanken. Doch das ist nicht überraschend, dieser Zustand ist nur eine logische Folge der Struktur unserer Demokratie: Wenn viele Menschen möglichst reibungslos in einer Gesellschaft zusammenleben sollen, sind Steuerungsprozesse dieser Art unumgänglich«, schreibt Bernays. »Ob es uns gefällt oder nicht«, Tatsache ist, dass wir von einer kleinen Gruppe Menschen abhängig sind, die »die mentalen Abläufe und gesellschaftlichen Dynamiken von Masse verstehen«. Wir müssen manipuliert werden, weil nur die Repräsentanz durch Parteien und Lobbys und Interessenverbände überhaupt eine Möglichkeit schafft, um dem Chaos der Demokratie zu entgehen.

Propaganda ist eine Art Notlüge einer Elite in Wirtschaft, Politik und Religion, die den Menschen die Fähigkeit zur Selbstbestimmung und Eigenführung abspricht. Propaganda ist nicht mehr allein die Verbreitung von Kaufanreizen und Reklame, Werbung und Marketing, sondern ein zentrales Instrument zur Konstruktion von Wirklichkeit – einer universalistischen Wirklichkeit, die keinerlei Hoffnung darauf hat, dass Menschen und ihre Unterschiedlichkeit irgendwann, irgendwo gemeinsam einen Staat machen könnten.

Propaganda sagt also: Das Echte ist den Leuten nicht zu-

zumuten. Dazu sind sie zu dumm und zu schwach. Und das ist nur die freundliche Seite der Propaganda, die auch ganz anders kann. Wer, schreibt Bernays, auf den Verstand, »das durchschnittliche Intelligenzniveau seiner Wählerschaft« setze, könne »gleich die Finger von der Politik lassen«. Ganz so argumentieren Parteien, Verbände, Lobbys und NGOs ja auch: »Die Menschen da draußen«, so die unvermeidliche Sonntagsrednerphrase, seien dem Großen und Ganzen geistig nicht gewachsen.

Die Nazis und die Stalinisten haben die Propaganda, ganz wie heute etwa Putin oder Chinas Kommunistische Partei, als Regelwerk für ihre eigenen Interessen eingesetzt. Sie war und ist in diesen Systemen nicht mehr allein ein (verdecktes) Angebot, das »gefährliche« vielfältige Echte durch einen gemeinsamen Nenner zu ersetzen, damit die Kontrolle und einheitliche Organisation leichtfällt. Die Propaganda der Tyrannen kennt keine Verhandlungsbasis, sie ist eine Handlungsanleitung. Was der Volksempfänger plärrt, Russia Today verkündet, Peking sagt, das ist Aufforderung und Gesetz, und danach haben sich alle zu richten. Aus dem Verbreiten der Lüge, die sich als Wahrheit ausgibt, wird so ein Zwang zum einheitlichen Denken.

George Orwell, unter den Verteidigern der Echtheit der herausragendste, den das 20. Jahrhundert hervorgebracht hat, nennt die Logik der Propaganda und der Public Relations, die Bernays wie selbstverständlich vor uns ausbreitet, Neusprech, der Schlüsselbegriff seines Romans *1984*. Was Ortega y Gasset erkannte, musste Orwell nur noch fünfzig Jahre weiterdenken. Sprachmanipulation ist die mit Abstand gefährlichste Waffe gegen die Echtheit, das Original. Sprache erschließt und beschreibt die Welt, wie wir sie erleben. Wo aber etwa, wie Orwell es schreibt, »Quaksprech« vorherrscht, wo nur noch sinnlos dahingeplappert wird, hat niemand mehr den Anspruch, beim Reden noch was zu sagen.

Vor diesem Hintergrund muss man sich Tiktok, ein eng mit dem chinesischen Regime zusammenarbeitendes Medium, als Quaksprech-Agentur ganz im Orwellschen Sinne vorstellen. Alles ist belanglos, damit das Belangvolle keinen Platz mehr hat. Bei einer direkt mit der chinesischen Diktatur verbandelten Einrichtung wie Tiktok hat das Sinn. Die Reformer wollten einst einen Sozialismus mit menschlichem Antlitz schaffen. Tiktok ist Totalitarismus mit stets geschminktem Antlitz. Alles ist Fake, sieht aber gut aus. Das ist Programm.

Die Weltfälschung unserer Tage braucht keine uniformen, grauen Massen mehr, die im Gleichschritt marschieren, das haben die Diktatoren in Moskau und Peking verstanden. Propaganda funktioniert heute durch Scheinindividualisierung. Die Leute machen ein Selfie und plaudern in die Kamera, um zu gefallen. Es geht ums Mitmachen. Darin zeigt sich die perfide Wirkung der Manipulation am deutlichsten: Sie sieht nicht böse aus, sie ist wie bei Waren und Dienstleistungen hübsch hergerichtet, adrett und attraktiv. Die Lüge soll geschluckt werden, und was könnte dabei besser funktionieren, als dass die Leute sie erst gar nicht als Lüge erkennen. Sie halten sich für Individualisten, tun aber dennoch nichts anderes als stillhalten. Sie leisten keinen Widerstand gegen die Vereinheitlichung und fühlen sich dabei ganz echt und authentisch. Die Propaganda in Zeiten der Selbstdarstellung, wie sie die sozialen Medien möglich machen, ist eine ungeheuer perfide Zuspitzung der Massenkontrolle, für die sie erfunden worden ist.

Die Aufklärung sagte: Wissen ist Macht. Orwell aber erkannte, dass die universalistische Massengesellschaft ganz anders drauf war, dass sie die Welt war, die betrogen sein wollte, weil das so viel einfacher war, als mit der Realität umzugehen, und erklärte: »Unwissenheit ist Stärke«. Daran darf man sich nicht gewöhnen. In der Wissensgesellschaft sind überprüfbare Fakten der Goldstandard. Sie entscheiden alles.

Der Krieg wird im Kopf gewonnen. Für den Krieg gegen die Lüge gilt das ganz besonders.

3 Täuschungen, Enttäuschungen

Die Menschen urteilen im Allgemeinen nach dem Augenschein, nicht mit den Händen. Sehen nämlich kann jeder, verstehen können wenige. Jeder sieht, wie du dich gibst, wenige wissen, wie du bist. Und diese wenigen wagen es nicht, sich der Meinung der vielen entgegen zu stellen. Denn diese haben die Majestät des Staates zur Verteidigung ihres Standpunkts.
(NICCOLÒ MACHIAVELLI)[52]

Interesse. Weniger Moral, mehr Echt

Im aufgeklärten England des 17. Jahrhunderts sprachen die nüchternen Bürger, die sich von ihren Königen nicht mehr jeden Bären aufbinden ließen, ein Wort mit großer Gelassenheit aus: »interests«, Interessen. Die, so wussten die Leute, lügen nicht. »Interests don't lie.«[53]

Das Interesse spielt eine herausragende Rolle für die Prüfung des Echten. Als Formel des kritischen Zweifels kannte man im alten Rom das »cui bono«: Wem nützt's? Interesse bedeutet so viel wie Aufmerksamkeit, Teilnahme, Wissbegierde, Absicht, Neigung, Hang, Lust, Verlangen und Wunsch.[54] Wenn wir das noch mal langsam lesen, Wort für Wort, finden wir fast alles wieder, was uns heute Freude und

Kummer zugleich bereitet, ganz besonders dann, wenn es um die Frage geht, ob es jemand echt meint oder ob er uns nur täuschen will.

Interesse ist, was wir wollen. Weil Menschen ganz unterschiedliche Ziele haben, kollidieren diese leicht miteinander. Dann muss man verhandeln. Der Interessenausgleich ist eine uralte Angelegenheit, unsere Demokratie ist das Original der menschlichen Verhandlungsbasis. Paradoxerweise wird diese Verhandlung meistens mit Täuschung und Manipulation, Übertreibung und Tricks geführt. Denn es geht ja darum, so viel wie möglich gegen die anderen durchzubringen. Niemand ist bescheiden, niemand nimmt sich zurück. Wo alle immer mehr wollen, und das auf Kosten anderer, wird zwangsläufig getrickst.

Von außen wird dann so getan, als ob man nur das Gemeinwohl, die Allgemeinheit, das Team, die Gesellschaft und die Nächstenliebe im Schilde führt. Doch der kritische Blick, der gute Zweifel, das Prüfen und Hinterfragen zeigen auch hier: All diese Dinge haben eine Schauseite und einen Hinterhof. Die Schauseite, die Fassade, ist der Ort der Täuschung, des Unechten. Dort erzählen uns die Trickser, was wir hören wollen. Dahinter allerdings liegt das Echte, das Wahre und Wirkliche, der Hinterhof der Interessen. Aber wollen wir das wissen? Damit sind wir wieder bei der Frage, was dem Echten schadet: Wir selbst, weil wir es den Falschspielern so leicht machen, ihre Komödien aufzuführen?

Natürlich ist das ein alter Hut, aber er sitzt bei den meisten immer noch perfekt und sorgt dafür, dass das Zentralorgan darunter nichts mitkriegt von der wirklichen Welt. Deshalb haben sich, in lichten Momenten, Gemeinschaften klare Regeln gegeben: Verfassungen, Gesetze, die für alle wirksam sind – und Behörden und Einrichtungen, die der demokratischen Kontrolle unterliegen, gleichsam aber dem Zugriff starker Interessengruppen entzogen sein sollen. Demokratien unterscheiden sich von anderen Systemen vor allem dadurch, dass sie diesen Raum schützen und nicht preisgeben. Auch in demokratischen Staaten gibt es Korruption und Betrug, Einflussnahme von Lobbys und Parteien, den Versuch und das Gelingen, diese Schutzräume zu unterhöhlen und außer Kraft zu setzen. Solange diese Versuche aber ans Licht kommen, die Schauseite mit der Wirklichkeit im Hinterhof für alle sichtbar verglichen werden kann, ist nichts verloren. Moral reicht nicht, es braucht Methoden.

Stellen wir uns einmal vor, dass die Unternehmen, Parteien, Interessengruppen und Personen, die uns beeinflussen wollen, ihre Hinterhöfe unters Licht stellen müssten. Das wäre ganz im Sinne der Aufklärung – Enlightenment –, weil das Düstere sichtbar wird. Man kann das weniger melodramatisch einfach nur Fehlerkultur nennen: Statt nur so zu tun, fürs Gute zu sein, gibt man zu, wo etwas danebengeht, und auch, das wäre das Ideal, wo das eigene Wirken von Nachteil ist für andere. Statt darauf zu warten, dass andere »cui bono« sagen, macht man das lieber gleich selbst.

Wenn Interessen nicht lügen sollen, müssten Erdölkonzerne offen sagen: Wir sind zwar die, die eure Autos und Heizungen mit Stoff versorgen, aber das ist auch ein Problem, weil es den Klimawandel befördert und uns von Ländern abhängig macht, die wir als Demokraten eigentlich noch nicht mal mit der heißen Zange anfassen sollten. Stattdessen pinseln sie ihre Tankstellen grün an. Andere pflanzen irgendwo Bäumchen, es juckt eh niemanden, ob das im Regenwald ist oder in der Heide. So aber ist es natürlich nicht, jedenfalls meistens, und so geraten selbst die, die guten Willens sind, in den Sog des Falschen. Sie merken, dass sie nur Nachteile haben, wenn sie nicht genauso lügen und täuschen und tricksen. Und dann fangen sie genauso damit an.

Haltungsschäden

Schnell merkt man dann, dass das deutsche Wort »Haltung«, das Bildungsbürger so selbstverständlich für sich beanspruchen wie ihr Abiturzeugnis, nichts wert ist. Das Wort ist hohl. Wäre es echt, würde es bedeuten: aushalten, Geduld haben, beständig bei der richtigen Sache bleiben, ohne sie zu überhöhen, kritisch auch der eigenen Position gegenüber bleiben. So aber ist es halt nur moralischer Konsum: Haltung als Beiwort, mit dem sich Menschen in der Aufmerksamkeitsökonomie selbst loben. Je mehr über Moral geredet wird, desto weiter draußen lebt sie.

»Euer Ja sei ein Ja, euer Nein ein Nein; alles andere stammt vom Bösen.«[55] Mit einem derartig rigorosen Anspruch sagt es Jesus in der Bergpredigt. Noch spannender aber ist, was Jesus laut Matthäus im Abschnitt »Vom Gesetz und den Propheten« gesagt haben soll: »Denkt nicht, ich bin gekommen, um das Gesetz und die Propheten aufzuheben. Ich bin nicht gekommen, um aufzuheben, ich bin gekommen, um zu erfüllen.« Das ist mal eine Ansage.

Denn es geht darum, dass wir endlich tun, was wir tun sollen, von dem alle wissen, dass es richtig ist und eben nicht falsch. Dass es der Wahrheit entspricht, der Realität, und eben nicht der billigen Ausrede, die wir uns gebastelt haben, damit wir uns nicht anstrengen und uns unbeliebt machen müssen bei all jenen, deren Interessen diese Realität, das

Echte, verschleiern wollen. Wir brauchen nicht mehr Compliance, wir brauchen mehr Einhaltung der Regeln, die schon da sind. Aktive Fehlerkultur.

Aber gewinnt man damit Wahlen? Wird man so befördert?

Wir müssen unsere eigene Rolle ehrlich und echt hinterfragen. Das mag naiv klingen, aber wie sonst sollen wir es hinkriegen, aus der Spirale der Täuschung und Selbsttäuschung herauszukommen? Wir sehen uns oft als Getäuschte. Aber sind wir nicht selbst die Fälscher oder wenigstens deren Komplizen und Auftraggeber?

In der ewigen Geltungsfalle

Bei Fälschungen denken viele immer noch an den Klassiker des Betrugs, gefälschte Werke aus dem Reich der Bildenden Kunst. Das bietet sich an. Kunst ist der Inbegriff des Echten, weil sie so viel Authentisches transportiert. Sie ist eine Einzigartigkeitserklärung, die es so kaum ein zweites Mal gibt. Alle Künstler haben ihre Werke nur einmal oder in geringsten, kontrollierten Auflagen hergestellt und in Verkehr gebracht.

Die *Mona Lisa* gibt es einmal, ebenso wie die bahnbrechende *Arnolfini-Hochzeit* Jan van Eycks von 1434, ein Gemälde, in dem wir die Realität bis ins kleinste Detail kennenlernen. Der Maler selbst ist in einem kleinen Spiegel an der Wand hinter den Hochzeitsleuten zu sehen, der Raum voller Symbolik und doch ganz so, wie man ihn sehen würde, beträte man heute die Originalszene, in der ein reicher Kaufmann seine schwangere Nebenfrau »anerkennt«. Arnolfini hat sicher jede Menge Geld dafür hingelegt, um sich von van Eyck malen zu lassen. Er hat das getan, um sich für die Nachwelt verewigen zu lassen. Unsterblich zu sein. Unsterblich ist aber nur sein selbstgerechter Gesichtsausdruck, den van Eyck verewigt hat, während er gönnerhaft seiner bereits schwangeren Nebenfrau die Hand reicht, er ist ja nicht so. Geltungssucht wird schnell mal zur Selbsttäuschung, und mit etwas Pech kann die noch Jahrhunderte später besichtigt werden.

Die Malerei, auch die zeitgenössische, ist immer ein Fenster in eine andere Welt, eine andere Realität, die den Blickwinkel der Künstler selbst wiedergibt.[56] Damit steht der Künstler über dem Käufer, dem Sammler, dem Händler, über allen, die seine Bilder beauftragen und kaufen können. Georg Franck, Autor der *Ökonomie der Aufmerksamkeit*, weist darauf hin, dass diese Aufmerksamkeit noch »über der Macht und dem Reichtum steht«.[57]

Giovanni Arnolfini stammt aus einer reichen Kaufmannsfamilie aus dem toskanischen Lucca. Van Eyck hat ihn und seine Braut wohl in dessen flämischer Niederlassung in Brügge gemalt. Es sind höchst erfolgreiche Frühkapitalisten, die zu den Auftraggebern van Eycks und anderer Malerkönige seiner Zeit zählen: Die Arnolfinis sind die führenden Stoff- und Pelzhändler ihrer Zeit, die Waren in höchster Qualität vertreiben. Arnolfini ist ein Echtzeitszertifikat für das Beste. »Verewigen lassen« – das steht weiter vorn nicht einfach so: Man setzt ein Denkmal, das noch viele Generationen danach an einen selbst erinnert. Und Arnolfini hatte damit ja recht: Der Name seiner Familie wäre wohl kaum noch bekannt, wenn er sich nicht ein Fenster zur Unsterblichkeit von Herrn van Eyck gekauft hätte. Echtheit, Aura, Unsterblichkeit, Erinnerung, das gehört zusammen.

Wir wollen nicht sterben. Wir wollen keine üble Nachrede, wenn wir weg sind. Aus schnöden Kredithaien, Wechselstubeninhabern und Buchhalterseelen, Kolonialisten und Unterdrückern werden so echte Menschen. Vielleicht ist das einer der Gründe, warum Menschen, die viel Geld besitzen, als Mäzene auftreten: Ihr Geld soll das eigene Defizit an Echtheit beseitigen. Bis heute ist das ein Motiv der Reichen und Mächtigen geblieben, die auf der Jagd nach Sinn sind, nach Anerkennung und moralischer Akzeptanz. Es ist auch der Versuch, sich in das Talent von Kreativen einzukaufen – der immer misslingt.

Für die Kunst sind Mäzene und Sammler wichtige Partner, keine Frage, und viele von ihnen sind fachkundige, selbstreflektierte Menschen. Es gibt distanzierte, kluge Kunstfreunde, die sich vollkommen darüber im Klaren sind, wo ihre eigenen Fähigkeiten liegen, und die die Kunst und die Künstler, die Kreativen, die Schöpfer des Originals nicht besitzen wollen. Andere aber wollen den schnöden Mammon reinwaschen durch die Nähe zu Künstler und Werk, zur holden Kunst, vom schlechten Ruf und nicht selten üblen Taten, die damit in Zusammenhang stehen. Es ist ein wenig Ablasshandel, ein bisschen Größenwahn und der große Selbstbetrug, dass man sich das Talent anderer Leute einfach kaufen kann, um es sich zu eigen zu machen.

Genau deshalb findet seit vielen Jahrhunderten auch das Geschäftsmodell mit gefälschten Kunstwerken statt. Weil Menschen glauben, was sie glauben wollen, und weil sie andere glauben machen wollen. Vor diesem Hintergrund wirken die Fälscher fast wie Dienstleister an den unerfüllten Träumen ihrer Abnehmer.

Die Maske der Scham

Im Jahr 2011 wurde das Ehepaar Wolfgang und Helene Beltracchi vor dem Landgericht Köln wegen gewerbsmäßigen Bandenbetrugs zu sechs beziehungsweise vier Jahren Haft verurteilt. Das Paar fälschte fast zwei Jahrzehnte lang Bilder von Malern wie Max Ernst und Heinrich Campendonk, so meisterhaft, dass selbst Betrogene nach dem Auffliegen von einem malerischen »Genie« des Fälschers sprachen. Die genaue Summe dessen, was sich die Beltracchis mit ihren Fälschungen ergaunerten, steht bis heute nicht fest, die Schätzungen reichen bis zu 50 Millionen Euro.[58]

Dass sich die genaue Schadenssumme nicht einmal annähernd feststellen lässt, liegt daran, dass praktisch keiner der Beteiligten – Täter wie Opfer, Vermittler wie Gutachter – Interesse an einer vollständigen Aufklärung hat. Die Fälscher und ihre Helfer sowieso nicht, klar. Und die zahlreichen Gutachter, die mehrere hunderttausend Euro für ihre Arbeit kassierten, um die Echtheit der Werke zu testieren? Bestimmt nicht. Die Auktionshäuser und Galeristen, die die Werke für Rekordsummen verkauften? Nein, die auch nicht. Bleiben noch die Käufer selbst. Einige haben sich, eher Ausnahme als Regel, als Geschädigte gemeldet und waren bereit, öffentlich auszusagen. Doch die große Mehrheit schweigt. Es ist peinlich, reingelegt worden zu sein, das färbt ja auf den Ruf ab, den man als Kunstsammlerin und Kunstsammler hat.

Man stelle sich all diese reichen Leute, diese Arnolfinis, vor, diese mächtigen Manager, gnadenlosen Anwälte und Politiker, die nun dastehen wie die letzten Idioten, weil sie genau das in dieser Sache eben waren. Wer den Schaden hat,

hat auch den Spott – das ist ein altes Sprichwort, das gleichzeitig dafür sorgt, dass sich das Falsche, der Irrtum, der Betrug so ungeahndet aus der Affäre ziehen können. Scham, so hat es der US-amerikanische Psychoanalytiker Léon Wurmser gesagt, ist »die Wächterin der inneren Realität«.[59] Scham trete immer auf, wenn »ein höchst machtvolles (»narzisstisches«) Ich-Ideal nicht erreicht oder eine völlige symbiotische Vereinigung mit dem Objekt nicht erzielt wird – ganz in Übereinstimmung mit unseren Beobachtungen der klinischen und literarischen Beispiele«. Die Wächterin der inneren Realität sagt jenen, die so erfolgreich sind oder erfolgreich geboren wurden, dass sie sich geirrt haben und dass sie besser gezweifelt hätten, statt einem Idol, wortwörtlich »Abbild« ihrer selbst, nachzulaufen. So schweigt man betroffen und versucht, das zu tun, was in dieser Lage wohl am besten scheint: nichts. Dem Spott läuft niemand nach.

Es geht ja auch ums Geld. Fast alle in diesem Spiel haben etwas zu verlieren. Es ist eine geschlossene Gesellschaft, die sich ihres Kunstverstands, ihrer Expertise an der Vorderbühne feiern lässt. Dort ist das Schaufenster, hier werden neue Geschäfte angebahnt, hier wächst das öffentliche Ansehen der Person und der Institution. Aber wie sieht es dahinter aus? Interests don't lie.

In dieser Aufzählung dürfen die nicht vergessen werden, denen eine besondere Objektivität von Berufs wegen auferlegt ist: staatlich geförderte Museen und Kunsteinrichtungen, Professoren und Dozenten an Hochschulen, die fast immer als Gutachter und Experten beurteilen, ob ein Kunstwerk authentisch, echt ist, oder nicht, und die natürlich ebenfalls Schaden nehmen würden, wenn sich Fälschungen als solche herausstellen. Fehler werden vertuscht.

In der Fernsehdokumentation *Der Spanische Meister* wird

die Arbeit des Archäologen Stefan Lehmann gezeigt,[60] der an der Universität Halle tätig ist und als bedeutendster Experte auf dem Gebiet gefälschter antiker Bronzen gilt, die zu den besonders begehrten Objekten des Kunstmarkts gehören. In dieser Dokumentation aus dem Jahr 2016 tritt auch der renommierte Schweizer Kunsthändler Christoph Leon auf. Er behauptet, dass bis zu 50 Prozent aller Antiken auf dem Kunstmarkt gefälscht sind. Erkennbar ist das, so Leon, oft schon auf den ersten Blick. Die Mimik der Gesichter, die nicht zur Antike passen – nicht, wie damals üblich, kühl und unverbindlich, sondern von jener sprechenden Lebendigkeit, die uns heute vertraut ist. Die Preise für diese Plastiken gehen in die Millionen Dollar, sie sind spätestens seit den 1980er-Jahren hochbegehrt. Das liegt daran, dass damals durch den Erfolg der Digitalisierung schlagartig viele Millionäre und Milliardäre auf der Suche nach passenden Anlageobjekten waren. Das neue Geld will die alte Kunst, nicht nur die der Antiken – die Beltracchis und andere Fälscher und ihre Systeme und Subsysteme profitieren davon.

Auch dabei geht es um Deutungshoheit, um die politische Optimierung, nur eben auf Märkten. Je höher die Preise für die Objekte steigen, desto besser ist das für alle. Das gilt auch für die Museen selbst, erklären die Fachleute Leon und Lehmann in diesem Film. Denn wo besonders teure Objekte stehen, teure Bilder hängen, da gehen mehr Leute rein, um sie zu sehen. Und weil Subventionen letztlich vom öffentlichen Aufmerksamkeitswert ihrer Empfänger leben, fließen diese, stets politisch entschiedenen, öffentlichen Mittel auch in die Taschen jener, die nicht viel fragen, nicht viel sehen, nichts gehört haben.

Der New Yorker Archäologe und Sachverständige Oscar White Muscarella, der viele Jahre Kurator im Metropolitan

Museum of Art war, kommt ebenfalls zu Wort und erklärt den Modus des Fälschersystems: »Ich musste irgendwann erkennen, dass Händler, aber auch Sammler gerade ihre gefälschten Objekte ins Auktionshaus geben.« Der Hintergrund ist einfach: Spuren lassen sich durch die weitere Vermittlung besser vertuschen, aber noch wichtiger ist natürlich, dass noch eine weitere Instanz mit im Boot sitzt.

Vor solchen Systemhintergründen fällt es Leuten wie den Beltracchis vergleichsweise leicht, nicht als die schlimmsten Übeltäter im gesamten Prozess dazustehen. So wurden die beiden von Talkshow zu Talkshow gereicht, wo sie launig ihre Version der Fälschergeschichte erzählen konnten, und das ZDF ließ in einer eigenen Reihe mit den Beltracchis Prominente wie Harald Schmidt und Christoph Waltz pinseln. Crime-Washing.

Notlügen

Die Leute, die so etwas tun, verweisen auf ihre Notlage. Die Beltracchis machen, im Schutz der Medien, die ihre Geschichte nach allen Seiten ausschlachten, ein weiteres Mal Kasse. Und wer den verschmitzt erzählten Geschichten Wolfgang Beltracchis folgt, während er im Stil von Max Ernst etwas pinselt, das er nun mit seinem eigenen Namen signiert – also keine Fälschung, bitte schön, schließlich ist er auf Bewährung –, der denkt vielleicht an den braven Soldaten Schwejk. Diese grandiose Figur des Jaroslav Hašek hat den Ersten Weltkrieg schließlich auch nur durch Tricks, Tarnen und Täuschen überlebt. In einer großartigen Dialektik hat Hašek eine Figur erdacht, die es überall gibt: verschlagen, verlogen, gleichsam aber sympathisch. Denn der

Betrug, die Lüge, sie dienen ja nur dem eigenen Überleben, dem Fortkommen.

Liest man *Die Abenteuer des braven Soldaten Schwejk* im Original, ist diese Ambivalenz ständig sichtbar: Einerseits mag man den armen Teufel, der sich aus allem Unbill des Lebens retten muss, andererseits kennt man solche Leute auch, und bei denen geht es dann nicht wie bei Schwejk um Leben und Tod, sondern eher um die Frage, wie man eine Kollegin austrickst, sich beliebt macht bei den Chefs und darauf seine opportunistische Karriere aufbaut – und überhaupt in allem Mittelmaß ist, nur nicht dann, wenn es um Auftritte auf der Hinterbühne geht, hintenrum also.

Das ist die Welt, in der wir leben, und wer sich fragt, ob das Echte echt sein kann, muss sich fragen, was wir im Alltag alles zulassen. Warum erlauben wir solchen Menschen eigentlich, so weit zu kommen? Und überrascht es uns wirklich, dass dabei nichts anderes entstehen kann als Täuschung – und die Enttäuschung so selten zu einer Ent-Täuschung wird, einem Ende mit Schrecken, nach dem wir offen miteinander umgehen, der Realität angemessen, in der Fehler gemacht werden dürfen, weil man daraus lernt, aber nicht, um sie systemisch zur Wahrheit umzulügen. Das alles geschieht. Solange die Welt betrogen sein will, finden sich Dienstleister dafür.

Mimikry

Als der junge Charles Darwin seine Entdeckungen machte, die uns das System der Evolution, der großen Erfinderin und Gestalterin immer neuer Originale, näherbrachte, forschten auch andere seiner Zeitgenossen an der Frage des

Ursprungs, darunter die Zoologen Henry W. Bates und Alfred R. Wallace. Die beiden fanden heraus, dass bestimmte Schmetterlingsarten im Amazonasgebiet ihr Aussehen so gestaltet hatten, dass Fressfeinde sie für unbekömmlich halten mussten. Die Schmetterlingsart Ithomiini war für Vögel ungenießbar. Die Art Dismorphia hingegen wäre ein Leckerbissen gewesen, der allerdings verschmäht wurde, denn Dismorphia imitierte das Aussehen des ekelhaften Ithomiini nahezu perfekt.

Damit hatten Bates und Wallace den Zugang zu einem Phänomen gefunden, das in der Natur immer wieder zu beobachten ist: die Mimikry,[61] ein Wort, das vom altgriechischen »mimos« abstammt und »Trugbild, Gaukelei« bedeutet. Mimikry heißt, so zu tun als ob, damit der Imitator einen Vorteil erlangt. Bei Schmetterlingen im Amazonas geht es ums Überleben, bei Menschen immer wieder um den kleinen und großen Gewinn, den wir erzielen, wenn wir uns verstellen.

Schon Babys lernen, dass es Vorteile bringt, wenn sie in ihrem Gesicht bestimmte Gefühlsregungen abbilden, ihre Mimik anzeigt, was sie wollen. Dieser Prozess läuft in der Regel unbewusst ab und braucht keine Absicht. Doch auch die gibt es, etwa wenn Kinder ganz bewusst einen traurigen Gesichtsausdruck aufsetzen, um etwas zu bekommen, was ihnen die Eltern eigentlich verwehren wollen. Einer der biologischen Hintergründe der Mimikry sind die erst vor wenigen Jahrzehnten entdeckten Spiegelneuronen, Nervenzellen, die im Gehirn das, was aus der Umwelt wahrgenommen wird, reproduzieren sollen.

Damit wäre jedes Individuum im Grunde nur die Kopie seiner Umwelt – eine These, die seit Langem in kollektivistischen und sozialbehavioristischen Kreisen verbreitet wird.

Wenn schon die Nervenzellen sich nur an dem orientieren, was andere in der Gruppe tun oder lassen, wie kann man da noch von einem freien Willen oder von Individualität sprechen? Medien stellen die soziale Funktion der Spiegelneuronen als Tatsache dar, was seriöse Forscherinnen und Wissenschaftler übrigens vehement kritisieren. »Die Zellen sind da, aber wozu sie gut sind und was sie machen, das wissen wir überhaupt nicht«[62], so David Poeppel, einer der weltweit renommiertesten Neurowissenschaftler.

Wozu reden wir dann über sie? Es gibt ein kulturelles Interesse der Massengesellschaft, uns zu täuschen. Es ist offensichtlich, dass dieses Interesse viel stärker betont wird, weil Begriffe wie Empathie und Gemeinschaft in unserem Kopf eine komplexe Gedankenwelt in Gang setzen, bei der es kaum noch einen kritischen Freiraum gibt, der danach fragt, was eigentlich an solchen Gemeinplätzen noch echt sein soll. Wer den Begriff der Echtheit nicht einfach nur dazu missbraucht, um seine eigenen Vorurteile durchzusetzen, sieht hier, dass manche Begriffe da sind, es aber weitgehend ungeklärt bleibt, wozu sie gut sind und was sie machen. Echter Sozialdarwinismus besteht nicht im Darlegen der eigenen Interessen, sondern in sozialer Mimikry, hinter der sich dann ja wieder eine Täuschung verbirgt. Wir reden gut, aber wir denken dabei immer an unseren Vorteil. Das ist nicht echt, sondern Heuchelei.

Spiegelneuronen gibt es wirklich – wir sehen sie nur nicht, weil sie viel größer sind als gedacht. Wir suchen Elementarteilchen, aber sie stehen direkt vor uns. Die US-amerikanische Komponistin und Bürgerrechtsaktivistin Malvina Reynolds hat sie in ihrem populärsten Lied, »Little Boxes«, unnachahmlich präzise beschrieben:

And the boys go into business
And marry and raise a family
in boxes made of ticky-tacky
And they all look just the same.
There's a green one and a pink one
And a blue one and a yellow one
And they're all made out of ticky tacky
And they all look just the same.[63]

Echtheit ist Glaubwürdigkeit, das Zutrauen darin, dass das, was man sagt, auch getan wird – »walk the talk« nennen das die Amerikaner: Tu, was du sagst, lebe es vor. Verhaltensopportunisten, die Little Boxes, sind die, die unterm Teppich besser zurechtkommen. Es ist die Heuchelei, die Gemeinschaften zerstört, nicht die Individualität.

Vertrauen ist nicht genug

Die Berliner Historikerin Ute Frevert hat im Jahr 2013 ihr famoses Buch *Vertrauensfragen* veröffentlicht.[64] Sie forscht seit vielen Jahren rund um den Begriff des Vertrauens, der in der Werbung und im Marketing mittlerweile nicht mehr wegzudenken ist. Auch Coaches und Berater reden ständig vom Vertrauen als wichtiger Währung in der Wirtschaftswelt. Es ist hilfreich, sich des kritischen Zweifels Ute Freverts ein wenig genauer anzunehmen.

Bis ins 18. Jahrhundert, in dem die Aufklärung Fahrt aufnahm, gab es in erster Linie Vertrauen in die Religion, das Gottvertrauen. Echt verlässlich war nur eine Macht auf der Welt: jene übersinnliche Gestalt, die im Himmel thronte oder, je nach Zeitalter, auf dem Olymp und anderswo. Menschen und ihr Werk waren hingegen nicht wirklich berechenbar. Sie waren sprunghaft, brachen ihr Wort, verstellten sich und wechselten ihre Meinung bei jeder sich bietenden Gelegenheit. Nur die Vorstellung eines Gottes war eine Art Maßstab und Echtheitszertifikat, und deshalb musste man sich genau den Regeln unterwerfen, die dessen Stellvertreter auf Erden aufstellten.

Heute, in einer säkularisierten Gesellschaft, mag das vielen merkwürdig erscheinen. Aber wir müssen nur kurz an all jene »Wahrheiten« denken, die uns moralisch und ethisch leiten. Gottvertrauen, das heißt, sich dem Schicksal auszusetzen, da kann man nichts machen. Die Aufklärung arbeitet dagegen, der Mensch wird – wenngleich auch nicht vollständig – mehr in die Eigenverantwortung gebracht, soll selbst entscheiden, wie sein Leben verläuft und wem er warum vertraut. Was bei Gott relativ einfach war – was immer geschah, war richtig –, erwies sich im gegenseitigen Verhältnis zueinander komplizierter. Dafür musste man seine Vertrauenswürdigkeit immer wieder unter Beweis stellen, durch Verhalten und faktisches Handeln zeigen, dass man es ehrlich – echt – meinte und nicht falsch war.

Deshalb nehmen Verträge und Vereinbarungen zu, bis hin zum Wust der Compliance, der wir heute unterliegen. Frevert argumentiert, dass man einem System nicht vertrauen kann – ganz gleich, was Marketing, Werbung und politische Propaganda uns weiszumachen versuchen. Vertrauen gibt es nur zwischen Menschen, und es muss erarbeitet werden. Die echten Beziehungen gehen damit in jenen Bereich der Realität, in dem das Echte nicht mehr bloß ein Gefühl ist, sondern auf Fakten baut. Es gibt Gesetze, Regeln, Vereinbarungen. Alles ist transparent, aufgeschrieben und festgehalten.

Freverts Analyse des Worts Vertrauen deckt sich mit unserer Feststellung, was das allgegenwärtige Reden über das Authentische und Echte angeht: Je mehr von Vertrauen die Rede ist, desto skeptischer werden die Menschen. Das, was wir seit Jahren Vertrauenskrise nennen, ist letztlich ein berechtigter Verdacht der Einzelnen, dass dort, wo von Vertrauen die Rede ist, gar kein Vertrauen herrscht. Sobald ein Begriff inflationär gebraucht wird, ist er nicht mehr echt.

In einer komplexen Welt mit vielen Spielfeldern ist das echte Vertrauen eher ein solides Zutrauen, das auf Fakten und Erfahrungen baut, ein Vorgang, der sehr viel mit konstruktivem Zweifel und Kritikfähigkeit zu tun hat. Zutrauen ist sozusagen die erwachsene Schwester des Vertrauens, das vielfach noch von Gefühlen gesteuert wird. Ein Pilot, der ein Flugzeug starten kann, wird es wohl landen können, das trauen wir ihm zu. Aber auch hier muss sich das Echte beweisen. »Vertraue mir«, singt im Dschungelbuch die Schlange Kaa, die es auf den kleinen Mogli abgesehen hat. Ihr ist alles zuzutrauen. Wir kennen also in diesem Fall den Unterschied zwischen Falsch und Wahr ziemlich genau.

Der Zauber des Echten

Das Echte zählt, wenn das Falsche seinen Schaden angerichtet hat. Deshalb suchen in Zeiten der Transformation und der offenen Zukünfte Menschen so sehr danach. Nach dem Zweiten Weltkrieg wandten sie sich dem Konsum zu, dem Materiellen. Das ist logisch, wenn man die Folgen des Immateriellen, der Ideologie, betrachtet.

Im sogenannten Wirtschaftswunder der 1950er-Jahre erholte sich die »geschlagene Seele« der Deutschen durch Geschäftigkeit und die Ausbildung neuer Ideale. Natürlich war das Verdrängung, aber aus all dem können wir in den heutigen Transformationen wichtige Erkenntnisse ziehen. Menschen ändern sich nur, wenn sie einen realen, echten Vorteil darin erkennen. Deshalb kommen die Transformationen, nicht nur die ökologischen, heute so schlecht voran. Sie sind in der Regel Verzichtspredigten. Darauf hat niemand Bock.

Für echte Veränderung braucht es pragmatischen Realismus, Nüchternheit, Gegenwartsfähigkeit. Im Hier und Heute soll man merken, dass es besser wird, aufwärtsgeht, Veränderungen Sinn ergeben. Insofern erscheint die Politik der Westalliierten, das bezwungene Deutschland möglichst schnell wirtschaftlich wieder aufzubauen, die Politik des Marshall-Plans,[65] als folgerichtig und klug: Es musste ein neues Normal geschaffen werden, eine neue Realität, eine handfeste Echtheit, in der Menschen neu anfangen konnten. Heute, da Transformation sehr oft als esoterische, moralische Kategorie auftaucht, wäre es durchaus nützlich, sich dieser Vorstellung eines originären Neuanfangs zu besinnen. Transformation wird dann gelingen, wenn es durch sie mehr zu gewinnen als zu verlieren gibt. Es bleibt dabei, dass das »Fressen vor der Moral kommt«.[66]

Dass es gelang, das Modell der Bundesrepublik Deutschland, des von der Diktatur zur Demokratie transformierten Staats, in so kurzer Zeit aufzubauen, ein neues Original zu schaffen, hat mit dieser Hinwendung zum Materiellen zu tun. Nicht zufällig hat der Politologe und Publizist Warnfried Dettling die alte Bundesrepublik als »Wirtschaftswunderland«[67] bezeichnet. Der materielle Aufstieg machte die Mimikry möglich, die ebenfalls zur Geschichte der Deutschen gehört: das Leugnen oder Ignorieren der Vorgänge zwischen 1933 und 1945. Sie führte dazu, dass in Deutschland eine Kultur des Nichtredens und Ignorierens aufrechterhalten wurde, die auf die folgenden Generationen übergegangen ist. Probleme und Spannungen werden nicht besprochen, sie werden »unter den Teppich gekehrt«, bis man – nicht nur sprichwörtlich – über die dabei entstehenden Haufen stolpert.

Es geht ja nicht darum, ob wir konsumieren sollen, sondern wofür wir uns in dieser Welt entscheiden. Aus der Vielfalt das Richtige für uns rauszuziehen, das, was uns echt etwas bedeutet. Diese Übung ist vergleichsweise neu, denn vor dem Wirtschaftswunder und den folgenden Jahrzehnten stellte sich die Frage, wie Überfluss zu behandeln ist, für die allermeisten Menschen ohnehin nicht. Ihre Realität war Armut und Mangel. Es gab keine Entscheidung, außer der, am Leben zu bleiben oder nicht.

Wir glauben, was wir sehen

Wer nach London kommt, muss das großartige British Museum besuchen. Dort sehen wir, im gewaltigen Format von 295 mal 357 Zentimetern, einen Kunstdruck aus dem frühen 16. Jahrhundert. Er zeigt ein Bauwerk, das entfernt an einen Kirchenaltar oder Triumphbogen erinnert: die *Ehrenpforte Maximilians I.*, römisch-deutscher Kaiser von 1508 bis zu seinem Tod 1519. Alle Heldentaten Maximilians und seiner Vorfahren sind darauf aufgelistet.

Der Kunstdruck war damals so neu, wie es heute die künstliche Intelligenz ist, und seine Auswirkungen auf die Wahrnehmung – auch die von Echt und Falsch – waren mindestens so groß wie die der neuen Technologien auf uns heute. Wir sehen also ein Stück Hochtechnologie aus der

Neuzeit – ein Kunstwerk, das bereits Massenprodukt ist, die Kopie eines Originals. Mehr als 700 Exemplare dieses Megaposters wurden damals gedruckt und in öffentlichen Gebäuden, Rathäusern und Regierungssitzen im Heiligen Römischen Reich verteilt.

Die *Ehrenpforte Maximilians I.* war bei Albrecht Dürer in Auftrag gegeben worden. Dürer galt nicht nur einer der bestbezahlten und meistgebuchten Künstler seiner Zeit, seine Arbeit war so gut, so naturalistisch, dass man das Ergebnis überall für echt hielt: für ein reales Abbild der Welt, einzigartig und wahr.

Realistische Darstellungen wirken per se glaubwürdig: Menschen glauben, was sie sehen. Alles Abstrakte unterliegt der Interpretation. Wo aber die Wirklichkeit so gut imitiert wird, dass man sie – nach dem jeweiligen Blickwinkel der Zeit und des Stands der Technik – nicht mehr von der Kopie unterscheiden kann, beginnt das Reich der professionellen Täuschung.

Die Plakatserie hatte, wie andere Publikationen des Kaisers, die Aufgabe, dessen fragile Position als Machthaber abzusichern. Wer auch immer in den Städten Deutschlands ein Rathaus besuchte, wurde mit dem Plakat – der normativen Kraft des Faktischen – konfrontiert: Ich bin Kaiser, weil ich etwas leiste, vor allen Dingen aber, weil ich Kaiser bin, was man daran sieht, dass hier meine Heldentaten zu sehen sind. Hier gestalte ich das Echte, das Wahre, und basta.

Die »normative Kraft des Faktischen«[68] ist ein Begriff des Staatsrechtlers Georg Jellinek, der ihn im Jahr 1900 in seinem Werk *Allgemeine Staatslehre* einführte. Gemeint ist damit, dass das, woran wir uns als größere Gemeinschaft gewöhnt haben, richtig und wahr ist und dass dies die Gesetze, Regeln und Normen bestimmen würde. Das beschreibt unsere Vorstellung von Normalität und Echtheit präzise. Und das meinen wir, wenn wir sagen: Das ist so, das macht man so, das gehört sich so.

Maximilian wusste vierhundert Jahre vor Jellinek sehr genau, dass Herrschaft und Macht genau dieser Normalität bedurften. Alle Fürsten beriefen sich darauf, deshalb Fürst zu sein, weil Gott selbst sie in ihr Amt gesetzt hatte. Im ausgehenden Mittelalter war das allein aber offensichtlich nicht mehr genug, es brauchte auch weltliche Beweise: Moralische Kompetenz gehörte dazu, Haltung. Maximilian ließ sich deshalb als »Der letzter Ritter« feiern, ein kluger Schachzug. Denn damit verband er die alte Welt des Mittelalters – die Ritterlichkeit und Fairness wenigstens behauptete – mit der raueren Welt der materiellen Ansprüche des Frühkapitalismus, des Welthandels, der großen sich aufbauenden religiösen Auseinandersetzungen, hinter denen vielfach materielle Interessen von Fürsten und Bürgern steckten, die sich nicht mit der zweiten, dritten Reihe hinter dem Kaiser begnügen wollten. Es war ganz große Transformation angesagt. Und die Vorstellung von dem, was echt ist, wahr und einzigartig – nahm damals Fahrt auf.

Ging es den Menschen, die das Plakat betrachteten, anders als den Menschen im ausklingenden Fernsehzeitalter, die irgendwo im Web auf ein Video stoßen, in dem unglaubliche Dinge zu sehen sind? Wir, die wir gelernt haben, an die Echtheit und damit an die Kraft der Bilder zu glauben, halten ebenfalls für echt, was wir sehen. Wir haben gelernt, dass das, was Kameras aufzeichnen, die wirkliche Welt ist, nicht bloß realistisch, sondern real. Auch wir glauben, was wir sehen.

Perspektiven

Menschen, die damals die Malereien und Fresken in Kirchen anschauten, glaubten ebenfalls an das, was sie sahen. Sie hielten das für die Realität – vor allem dann, wenn neue Techniken diese Realität täuschend echt nachahmten.

Nehmen wir die Perspektive. Das Wort kommt vom lateinischen »perspicere«, was »hindurchsehen, hindurchblicken« bedeutet. Der *Duden* gibt uns drei Definitionen des Wortes. Erstens die technische Seite, bei der eine »den Eindruck des Räumlichen hervorrufende Form der (ebenen) Abbildung« gemeint ist, die wir etwa aus der Malerei kennen. Zweitens eine »Betrachtungsweise oder -möglichkeit von einem bestimmten Standpunkt aus; Sicht Blickwinkel«. Und drittens eine »Aussicht für die Zukunft«.[69]

Die Perspektive hängt also vom Standort der Person ab, das ist physisch gemeint, aber auch sozial und kulturell. Was wir sehen, ist das, was wir aus unserer gegenwärtigen Lage heraus sehen können. Das gilt natürlich für unsere optische Wahrnehmung, aber ebenso für das, was unser Weltbild, unser Denken, unsere Vorurteile aus dem Gesehenen machen.

Wir sehen in mittelalterlichen Abbildungen stets einen riesigen, gewaltigen Gott. Weltliche Herrscher erscheinen ebenfalls als Giganten, ihre Untertanen hingegen sind die Ameisen. Die Maler malten so, wie die Welt real verfasst war. So war es auch außerhalb des Bildes: überdimensionale Herrscher und Götter, zwerghafte Untertanen. Das war die soziale, kulturelle Realität. Es brauchte in dieser Zeit also keine andere Perspektive, keinen anderen Standort.

Die Figuren, die uns aus dieser Perspektive des Mittelalters anschauen, sind auf eine merkwürdige Art und Weise entrückt, sie wirken gekünstelt, unecht. Auf eine andere weltfremde Art schauen uns die spätantiken Gesichter an. In der byzantinischen Kunst, der Ikonografie, setzte sich diese Entrückung durch und bestimmte seither das Abbild der Welt. Auch das war ehrlich, echt gemeint. Es entsprach der sozialen und kulturellen Realität.

Die passte aber nicht mehr zu den selbstbewussten Staatsbürgern, die zu Geld und Unabhängigkeit gekommen waren und von denen es in Oberitalien, in Deutschland, Frankreich und Böhmen immer mehr gab. Sie errichteten ihre gigantischen Kathedralen zwar höchst offiziell zu Gottes Ehren, aber jeder wusste, dass – mal ganz ehrlich – die Sache anders war: Gebaut wurde zum eigenen Ruhm, weil man konnte und weil diese Werke zeigten, wer man war.

Die Perspektive spiegelte das Interesse wider. Einer der radikalsten Vorreiter des Echten, des wahren Realismus, war der Ende des 13. Jahrhunderts geborene Giotto di Bondone. Seine Bilder zeigen Menschen in den richtigen Proportionen, keine Zwerge mehr, die sich von Riesen einschüchtern lassen müssen. Die Gesichter haben Ausdruck, sie zeigen Gefühle, Leidenschaften und Angst. Der Philosoph Georg Friedrich Hegel zitiert Giotto als Kronzeugen für die neue Zeit, in der der Realismus an Boden gewinnt, die Esoterik zurückweicht, das Echte gesehen wird. »Giotto war es, der sich auf das Gegenwärtige und Wirkliche hin ausrichtete.«[70] In seiner Arbeit gewinne »das Weltliche Platz und Ausbreitung«.

Schon damals benutzte man die neuen Entdeckungen aber auch, um oft zu reinen Unterhaltungszwecken optische Täuschungen, Fälschungen der eben gefundenen Realität, vorzunehmen. Es sind Kleinigkeiten, die Frage der Anordnung von Teilen eines Bilds, die in unserem Gehirn ganz unterschiedliche Reaktionen hervorrufen. Unser Bewusstsein ergänzt Fehlendes zu dem ihm gewohnt Erscheinenden. Das heißt, dass selbst dort, wo absoluter Realismus herrscht, wir uns durch uns selbst durch unsere Erfahrungen täuschen. Das Echte ist nicht einfach eine Frage des realistischen Abbilds und der äußeren, technischen Perspektive – es ist immer auch das, was wir sehen wollen und können.[71]

Und als ob ein renitentes Gehirn, das Sachen abseits der Realität erfindet, weil es geradezu pedantisch genau sein will, nicht genug wäre, kommt auch noch unsere Sozialisierung dazu sowie der Stand des allgemeinen Wissens, die Bildung und die Fähigkeit, den jeweiligen Kontext zu begreifen. Kontextkompetenz, das Wissen um den Zusammenhang, in dem man etwas sieht, in dem man handelt und in dem uns etwas erscheint, ist ganz wesentlich, um Echtes von Unechtem zu unterscheiden.[72]

Wer in einer Kultur aufgewachsen ist, die an Geister glaubt und diesen Geisterglauben lehrt, wird mit großer Wahrscheinlichkeit irgendwann einen Geist sehen. Wer an Wunder glaubt, dem widerfahren sie. Das alles hängt davon ab, wie unsere Bildung und unsere Sozialisierung verlaufen, ob Menschen zu gesunder Skepsis, Kritikfähigkeit, zu der Achtung vor den Naturgesetzen und damit einem angewandten Realismus erzogen werden – oder ob sie das meiste, das um sie herum geschieht, einfach glauben, weil sie es lesen, hören, im Fernsehen sehen oder es ihnen auf Tiktok erzählt wird. Von Haus aus sind wir auch nicht realitätsfester als die Menschen im Mittelalter.

Symbole des Echten und Falschen

Heute ist uns klar, dass die Taube, die den Heiligen Geist zeigt, ein Symbol ist, ein Platzhalter, und keineswegs eine realistische Darstellung. Dass auch die Vielzahl anderer Darstellungen und Symbole eben nicht die Wirklichkeit zeigen, sondern eine künstlerische Interpretation einer bestimmten Spiritualität sind, ist den meisten Menschen ebenfalls bewusst. Aber warum nur haben die Bilderstürmer in Zeiten der Reformation dann all die Darstellungen der Heiligen und Wunder aus den Kirchen gerissen, sie mit Hacken und Hämmern zerstört?

Mit der Zerstörung des Abbilds sollte auch die Wirklichkeit vernichtet werden. Solange man es sehen konnte, war es wahr, wirklich und echt – und das durfte nicht sein. Im alten Rom wurde das Andenken von in Ungnade gefallenen Herrschern und Bürgern vernichtet. Diese Damnatio memoriae, die Ächtung oder Verdammnis der Erinnerung, hatte mit der Vorstellung zu tun, dass der Geist eines Menschen, selbst wenn er längst tot war, durch die Gegenstände und Erinnerungsstücke, die mit ihm verbunden waren, lebendig geblieben war, real. Es ging somit nicht nur darum, jemanden physisch zu vernichten, sondern ihn auch im Bewusstsein auszulöschen: Tot, unschädlich und damit ungefährlich ist nur, woran sich niemand mehr zu erinnern vermag.

Machiavelli

Niccolò Machiavelli war bereits ein berühmter Mann, als Albrecht Dürer von Maximilian fürs Marketing engagiert wurde: Staatssekretär von Florenz und Spindoktor der einflussreichsten Familien der weltlichen und geistlichen Fürstentümer auf der italienischen Halbinsel. Machiavelli galt auch in den zahlreichen Intrigen und Auseinandersetzungen als unbestechliche Partei, als jemand, der gegenüber den Großen und Mächtigen kein Blatt vor den Mund nahm. Den französischen König Ludwig XII. nannte er »gierig, käuflich, verräterisch und opportunistisch«,[73] einen falschen Fuffziger also. Cesare Borgia, Fürst und Kardinal, unehelicher Sohn von Rodrigo Borgia, der als Papst Alexander VI. den Kirchenstaat regierte, war Machiavellis Vorbild für sein bis heute berühmtes Werk *Il Principe*. Dieses Buch gilt ja unter Führungskräften nach wie vor als Pflichtlektüre, wenngleich sie offensichtlich selten gelesen wird, denn was Machiavelli lehrt, hat mit den Mutmaßungen rund um sein Werk nur wenig zu tun.

Er sagte den Leadern seiner Zeit, dass sich etwas Grundsätzliches in der Ausübung der Macht geändert hatte. »Beim Versuch, den Fürsten zu lehren, wie er die Macht erlangen, erhalten und ausbauen könne, traf Machiavelli die grundlegende und berühmte Unterscheidung zwischen dem ›wirklichen Wesen der Dinge‹ und den bloß ›vorgestellten Freistaaten und Alleinherrschaften, von denen man in Wirklichkeit weder etwas gesehen noch gehört hat‹«[74], zitiert Albert O. Hirschman die Erfindung des politischen Realismus um das Jahr 1500.

Machiavelli sagte nicht: Seid ehrlich. Er sagte: Seid realistisch. Er war ein Moralist, der gleichsam wusste, dass Interessen nicht lügen. Hirschman schreibt: »Machiavelli ahnte wahrscheinlich, dass eine realistische Staatstheorie die Kenntnis der menschlichen Natur voraussetzte.« Und, das gehört dazu, die Natur der Welt ebenso berücksichtigte, also

Wissenschaft und Technik, die in der Renaissance wichtig wurden. Die Menschen waren geradezu technikgläubig im 16. Jahrhundert. Die Wissenschaften machten solche Sprünge, dass die Machthaber es nur noch für eine Frage der Zeit hielten, bis die menschliche Natur berechenbar sein würde, ganz wie die Planetenbewegungen, die Nikolas Kopernikus erkannt hatte, die Mechaniken, die Leonardo da Vinci beschrieb.

Da Vincis berühmtestes Werk, der *Vitruvianische Mensch*, den er 1490 gezeichnet hat. Wir sehen einen Mann, der in »homo ad circulum« gezeichnet ist, in absolut perfekter Proportion. Das war nicht nur ein künstlerischer und ästhetischer Meilenstein, sondern eine wesentliche Grundlage jenes mechanistisch-deterministischen Denkens, bei dem der Mensch bis heute als berechenbare Maschine gesehen wird.[75] In den Diskussionen über künstliche Intelligenz und Robotik taucht das ebenso auf wie als ständiges Motiv in den Organisations- und Managementlehren. Wie schön wäre es, wenn sich das, was Menschen ausmacht, wie der *Vitruvianische Mensch* exakt berechnen ließe. Davon träumten Renaissancemenschen wie auch ihre Nachfolger: Das Echte, das reale Wesen des Menschen, sollte vermessen, erkannt, systematisiert und schließlich kontrolliert werden.

Machiavelli bezweifelte das grundlegend, denn das Echte war für ihn das, was jeweils neu zu beurteilen war. Das ist sein wichtigster Beitrag auch für uns heute. Es hilft nichts, das Echte muss ständig geprüft werden. Das Einzigartige auf seine Einzigartigkeit hinterfragt, Unterschiede müssen erkannt werden. Machiavelli wusste: Das Echte war keine statische Angelegenheit, es kam drauf an, man war gezwungen, genau hinzusehen, zu fragen, Techniken zur Verifizierung zu entwickeln.

Machiavellismus wird als Begriff für »anything goes« benutzt, alle Mittel sind recht, um die Macht zu erhalten. Das hat Machiavelli allerdings nie gelehrt und behauptet. Sein Appell, das Einzigartige oder, wie er es nennt, »das wirkliche Wesen der Dinge« zu erkennen, darf als permanente Aufforderung verstanden werden. Es ging Machiavelli, wie Hirschman festhält, ganz offensichtlich darum, den Menschen, »wie er wirklich ist«, zu erkennen, ohne aber den absurden Anspruch zu erheben, damit schon alles Menschliche verstehbar und berechenbar zu machen. Sondern nur den Versuch, gute Beobachtung und das Ernstnehmen von Erfahrung, von Know-how zu einer »kompetenten Wahrnehmung der Wirklichkeit«[76] umzuwandeln. Keine ewige Wahrheit, keine statische Realität. Sondern der anhaltende Versuch, der Wirklichkeit gerecht zu werden. Harte Arbeit, die niemals zu Ende getan ist.

Zu Machiavellis Zeiten glaubten die Menschen, was sie in Kirchen oder auf Plakaten sahen und was die Massenkopiertechnik des Buchdrucks, der ab 1452 von Mainz aus die Welt revolutionierte, an Wahrheiten lieferte. Hätte das heute noch die gleiche Wirkung? Wohl nicht. Stellen wir uns aber gebildete Menschen vor, die damals lebten. Sie waren gewohnt, zu glauben, was sie sahen und was sie lasen. Denn die Bücher, mit denen sie zu tun hatten, waren Originale, authentisch, einmalig. Die kulturellen Techniken der Verifizierung und Falsifizierung waren nicht mit dem vergleichbar, was wir seither gelernt haben – und was wir übrigens angesichts der Fake News und KI-Tricks heute gerade lernen. Mit der Qualität der Fälschung wächst die Qualität des kritischen Zweifels, der Fähigkeit, echt und falsch zu unterscheiden. Wir üben das in den uns neuen Technologien noch, so wie das unsere Vorfahren taten.

Wir sind dabei oft noch ganz und gar Kinder der Bildergesellschaft und der späten Gutenberg-Galaxis. Wir glauben naiverweise, dass sich die Authentizität einer Meldung, eines Videos, eines Fotos von selbst erklärt. Auch angesehene Medien veröffentlichen aus Schlamperei, Eile, Unwissenheit oder gelegentlich aus falsch verstandenem Engagement »für die richtige Sache« Fake News. Traue niemandem, aber auf eine Art und Weise, die nicht in umfassendes Misstrauen ausartet, sondern in Rückfragen – den guten alten konstruktiven Zweifeln.

Die Entdeckung des Falschen

Auch im Mittelalter und der frühen Neuzeit wirkte die Macht der Echtheit, des Originals, denn es gab nichts anderes. Kopien, wie sie uns heute vertraut sind, waren unbekannt. Natürlich gab es Kopisten, das war eine der wichtigsten intellektuellen Tätigkeiten damals, die in Klöstern von kunstfertigen Mönchen ausgeführt wurde. Aber in der Welt bis zur Zeitenwende des 15. zum 16. Jahrhundert nach Christi war fast alles an Dokumenten und Gegenständen ein Original.

Selbst Kopien waren Originale, weil sie unverwechselbar als Kopien erkennbar waren. Sie wurden in jahrelanger Kleinarbeit angefertigt, von Menschen, die nicht darauf aus waren, dass sich ihre Abschriften möglichst nicht vom Original unterscheiden sollten, im Gegenteil: Jedes Kloster, jede Kopistenschule, ja zuweilen jeder Kopist hatte seine eigene, unverwechselbare Handschrift – im Wortsinn – und gestaltete das handkopierte Werk dementsprechend aus.

Verträge, die Ansprüche kirchlicher und staatlicher Herrscher begründen sollten, wurden immer schon gefälscht. Wenn zwei oder mehrere Versionen auftauchten und die Ansprüche strittig waren, ging es einfach darum, wer welcher Partei in diesem Streit zugeneigt war. Dabei half das Konzept des Gottvertrauens sehr. Denn wenn es nicht richtig war, dass die Ansprüche eines Fürsten oder Bischofs umgesetzt wurden, dann würde Gott schon was dagegen unternehmen, oder? Ersetzen wir Gott durch Regierung, Staat, Vorgesetzten, dann sehen wir, wie weit wir es bisher gebracht haben.

Der Ton macht die Musik – auch das ist wichtig. Der Ton des Echten ist eine Sprache, die wir kennen, gewohnt sind, die Muttersprache, aber auch eine, die ungekünstelt ist. Luthers Sermon verbreitete sich deshalb so schnell, weil er sich genau dieser Einsicht verpflichtete. Verständliche Sprache, eben nicht das Latein der Gebildeten, der Eliten, half bei der Akzeptanz enorm.

Es ist übrigens das gleiche Muster, das wir aus der Erfolgsgeschichte des Internets kennen. Solange das Netzwerk in den Händen einer IT-Elite war, interessierte es niemanden. Dann kam der englische Techniker Timothy Berners-Lee auf die Idee, die unterschiedlichen Datenbanken, derer sich die Forscher an seiner Forschungseinrichtung, dem europäischen Kernforschungszentrum CERN in Meyrin in der Schweiz, bedienten, durch simple Methoden zugänglicher zu machen. Dazu motivierte ihn das gute alte persönliche Interesse, denn er hatte schlicht keine Lust, ständig verzweifelte Fachleute in seinem Büro zu haben, die seine Hilfe brauchten, um andere Datensätze auf den Rechner zu kriegen. Schluss damit, keine Ausreden mehr, sagte sich Berners-Lee. Das war ganz im Zeitgeist der 1980er-Jahre, in dem Apple seinen Macintosh baute, um Digitalisierung für

Laien zugänglich zu machen und in denen die Usability, die Wissenschaft von der Zugänglichmachung komplexer Technologien, für immer mehr Zugänge sorgte.

Statt komplizierte Codes zu tippen, genügte es, eine Hypertext-Zeile anzuklicken, die beschrieb, welchen Server man wollte. Ohne die Zugangstechnologie der von Berners-Lee entwickelten »Hypertext Markup Language« (HTML) wäre aus der Internetrevolution wohl nichts geworden. Zugänge erhöhen die Teilhabe, klar, sie ermöglichen bessere Kommunikation und besseres Verstehen, schaffen aber gleichzeitig auch die Grundlagen für neue Probleme, mit denen niemand gerechnet hat – paradoxerweise oft genau in den Feldern, in denen ihr Einsatz für Klarheit sorgen sollte. Denn heute im Internet ebenso wie damals in der entstehenden Gutenberg-Galaxis zeigte sich durch die schiere Menge die Widersprüchlichkeit der darin enthaltenen Informationen: Was ist wahr? Was bewusst gefälscht? Was solide Kritik? Was heimtückische Fälschung?

Je mehr gedruckte Bücher, Kopien, es gab, desto unzuverlässiger erschien deren Inhalt. Und dass René Descartes sein »Der Zweifel ist der Weisheit Anfang«[77] im Jahr 1641 in seinen *Meditationen* als Grundformel aller Erkenntnis aufschreiben konnte, war bereits die Folge einer in der Wissenschaft aufkommenden Falsifikationsdiskussion. Es war eben nicht mehr einfach nur Gottes Wille oder lag nicht mehr nur in den Sternen, was wahr und falsch sein sollte. Die Flut an Behauptungen, Meinungen, Propaganda, die durch die Kopiertechnik des Buchdrucks in die Welt gebracht wurde, war enorm. Wem sollte man noch trauen? Wie sollte man die Echtheit einer Aussage einem zuverlässigen Wahrheitstest unterziehen? Und wer legte denn die Regeln für diesen Verifizierungsprozess fest? Das war die Ausgangslage Descartes' und seiner Zeitgenossen. Sie lebten in einer Welt, die sich mit der Frage der Wahrheitsfindung beschäftigte, allerdings auf eine Art und Weise, bei der das Zweifeln nicht zu konstruktiver Erkenntnis, sondern zu Mord und Totschlag führte:

Stand etwa eine Frau in Verdacht der Hexerei, also im Bund mit dem Teufel, würde sie das natürlich leugnen. Erst durch die gründliche, die »peinliche Befragung« käme die Wahrheit ans Licht. Und verständlicherweise müssten die dabei angewandten körperlichen Schmerzen größer sein als das, was der Teufel seiner Mitarbeiterin antun könne. Nur in dieser Frage folgten die sadistischen Peiniger einer gewissen Logik: Man musste härter, brutaler, gemeiner sein als der Teufel, um an die Wahrheit zu gelangen. Gestanden die Opfer unter Folter, war die »Wahrheit« ans Licht gekommen, starben sie vorher, wurde das als gerechte Strafe empfunden. Es war ja kein »echter Christ« oder »echter Mensch«, der da getötet wurde, sondern ein Sendbote des Teufels.

Diese Logik zieht sich bis in die Konzentrationslager der Nazis durch, in die Gulags Stalins und die »Kulturrevolution« Mao Xedongs. Alles im Namen der echten Revolution, der Wahrheit, der Einzigartigkeit der eigenen Ideologie. Das ist zu bedenken.

Bauarbeiter der Realität

Drei Jahrhunderte nach Descartes erklärte der österreichisch-englische Philosoph Karl Popper, dass der Versuch, die Wahrheit herauszufinden, indem man immer wieder Experimente zu deren Beweis anstellte, untauglich sei, und führte sein Prinzip der Falsifikation aus.

Popper war Überzeugungstäter. Als junger Mann war er, wie viele andere bürgerliche Studenten in Wien nach Ende des Ersten Weltkriegs, in sozialistisch-revolutionären Milieus unterwegs. Bald aber fand er heraus, dass die großen Reden der Genossen wenig wert waren, heuchlerisch, denn selbst lebten sie weit abseits der Proletarier, die von ihren selbsternannten Rettern nichts wissen wollten. Popper wurde Hilfsarbeiter am Bau und begann eine Tischlerlehre. Er distanzierte sich zeitlebens von vielen angesehenen Intellektuellen, was ihm den Ruf der Arroganz einbrachte. Aber er nahm die nicht ernst, die das, was sie sich ansahen, nur vom Schreibtisch aus kennenlernen wollten.

Vor diesem Erfahrungshintergrund ist seine Falsifikationstheorie lebensecht und praxisnah. Sie verneigt sich vor der wahren Echtheit, der Realität. Man möge nur jenen wissenschaftlichen Theorien glauben, die überhaupt falsifiziert werden können, also die Möglichkeit bieten, auch widerlegt zu werden. Eine Theorie darf nie ein Dogma sein. Eine Idee hat keinen Anspruch auf Ewigkeitswert. Es gibt kein dauerhaftes Wissen. Nur was sich der Kritik und dem Zweifel stellen kann, sich dem aussetzen kann, ist echt. »Man weiß doch, dass ...«, das ist ein intellektuelles Armutszeugnis. Es blüht immer in Zeiten, in denen die Verunsicherung groß ist, weil Wandel ansteht.

Poppers deduktive Methode muss im Kontext der in seiner Zeit dominanten Dogmen gesehen werden. Dass »der Zweifel der Weisheit Anfang ist«, wird bei Popper zur Methode. Deshalb schrieb er in seiner *Offenen Gesellschaft und ihre Feinde* auch gegen die Stichwortgeber der ewigen Wahrheit an, gegen Aristoteles und Platon ebenso wie gegen Marx und dessen Epigonen, den rechten und linken, den religiösen und weltlichen Dogmatikern, die keine Alternative dulden.

Wir erleben heute die Wiedervorlage der Alternativlosen, die das Modell der Toleranz, Vielfalt, Aufklärung verachten. Diktatoren wie Russlands Putin, Chinas Xi und eine Vielzahl ihrer Trabanten und Gesinnungsfreunde auf der Welt stehen einer vergleichsweise kleinen demokratischen Gemeinschaft gegenüber, die noch dazu im eigenen Land von Dogmatikern und Extremisten unter Druck gesetzt wird. Poppers Echtheitsliebe war nie so einsam wie heute – und deshalb so wichtig.

Unschärfen und Unechtes

Auch die Wissenschaft hat ihre Moden, ihre Paradigmen, wie der Wissenschaftstheoretiker Thomas S. Kuhn in seinem Werk *Die Struktur wissenschaftlicher Revolutionen* feststellt.[78] Unsere Sicht auf das Echte, Wahre, Richtige ist immer von unseren Meinungen, auch Vorurteilen, verstellt. Allein die herrschende Kultur bestimmt den Blick. Disziplinen, Branchen, Bubbles – sie haben ihre eigene Sichtweise. Das gilt für akademische Kollegien ebenso wie für die Mitglieder einer Motorrad-Gang. Redakteure etwa überprüfen ihre Fakten nicht allein durch Reality-Checks, sondern auch nach den Anforderungen ihres sozialen Umfelds – dem Flurfunk etwa.

Manager und Unternehmer schauen auf die Konkurrenz. »Benchmarken« heißt das, Vergleichen mit anderen. Es ist gut, wenn man andere kennt, es ist falsch, wenn man sie imitiert, indem man die Leistungen anderer als Maßstab für das eigene Handeln setzt. Das geschieht in der Kopiergesellschaft regelmäßig. Die Betriebswirtschaftslehre ist stark mechanistisch geprägt. Es genügt, die Dinge »richtig« zu tun, und richtig zu sein scheint, was anderen gelingt. Das aber sagt rein gar nichts über die eigenen Fähigkeiten und Angebote aus. Einzigartigkeit, Originalität entstehen nicht durch das Mitlaufen in konkurrierenden Gruppen, sondern durch die Fähigkeit, sich nicht gemeinzumachen. Unzählige Geschichten von erfolgreichen Unternehmern sprechen diese Sprache.

Und dennoch: Der Gruppendruck führt in dieser Welt dazu, dass wir lieber gleich sind als anders, lieber angepasst als echt und einzigartig. Und dass wir deshalb die Welt eben nicht so sehen, wie sie ist, sondern wie sie sein soll. Das wiederum erklärt, weshalb ganze Branchen Entwicklungen verschlafen, die ihnen von Innovatoren angeboten werden. Die berühmten Disruptionen, an denen unsere Zeit so reich zu sein scheint, also überraschende technische oder methodische Neuerungen, die das Bestehende infrage stellen oder sogar überflüssig machen, sind die praktischen Beweisstücke dafür, was Karl Popper und Thomas S. Kuhn gedacht haben. Außenseiter können ganze Konzerne, sogar Staaten und politische Systeme zu Fall bringen, deren Repräsentanten sich so verhalten haben, wie man es eigentlich von Zweijährigen kennt, die meinen, die Welt würde sie nicht sehen, wenn sie sich ihre Hände vor die Augen halten.

Die große Sichtweise auf ein Problem, also das, was uns als normal und geklärt erscheint, bestimmt nämlich bereits das, was wir wie untersuchen. Dabei muss niemand die Ergebnisse manipulieren oder verfälschen. Schon die Blickrichtung bestimmt das Ergebnis. Man fühlt sich an die Erkenntnis des deutschen Nobelpreisträgers für Physik Werner Heisenberg erinnert, die er in seiner Erforschung der subatomaren Welt der Quanten machte: Diese Teilchen verändern sich, wenn sie gemessen – beobachtet – werden. Das bedeutet, dass wir nicht in der Lage sind, ihren »echten« Zustand herauszufinden, und die Ursache dafür ist, dass wir ihn herausfinden wollen. Unser Blick beeinflusst das Echte. Wir haben das schon bei den Kunstwerken, ihrer Aura, den Illusionen der Kunstliebhaber und den Geschäftsmodellen der Fälscher diskutiert: Wir sehen, was wir glauben, und was wir sehen, beeinflusst nicht nur uns, sondern auch den Gegenstand. Diese Zusammenhänge müssen uns immer klar sein. Nichts von dem, was wir tun, bleibt folgenlos. Deshalb kann das Original allein durch unsere Betrachtung oder Nutzung nicht mehr sein, was es war.

Das mag verwirrend klingen, ist aber letztlich etwas, das wir in Alltagserfahrungen immer wieder lernen. Wenn ein Problem erst einmal als solches erkannt ist, dann wird es durch diese Erkenntnis definiert, bewertet. Sein originärer, ursprünglicher Zustand ist damit nicht mehr eindeutig feststellbar. Es gibt also die Unschärfe des Echten, des Originals. Sie besteht ja überdies auch darin, dass das Original nie ein Urknall ist, sondern stets eingebettet in das Verständnis der Zeit, aus der es kommt, aber vor allen Dingen der Sichtweise seiner Schöpfer.

Das soll allerdings nicht dazu verleiten, anzunehmen, dass der Versuch nach klarer, objektiver Erkenntnis und damit immer auch der Feststellung des Echten und Richtigen völlig vergeblich wäre. Er ist eben nicht perfekt, nicht abgeschlossen und braucht immer wieder das, was René Descartes an den Anfang der Entwicklung stellte: Zweifel, konstruktive, also weiterführende.

4 Globaler Selbstbetrug

Verbergt eure Talente und wartet ab.
(DENG XIAOPING, 1997)[79]

Warten, bis der Ulfberht kommt

Marken sind einzigartig, Originale. Sie stehen für das Echte und damit Erstrebenswerte in der Wirtschaft, aber auch in der Politik und der Gesellschaft. Marken bauen auf Divergenz, dem Grundgedanken der Evolution.

Marken sind eine Idee, eine Einstellung. Sie sind die Aura eines Produkts, ihr Geist, ihre Seele. Es kostet Kraft, Ideen und Ressourcen, um Originale zu schaffen und zu erhalten. Wer sich Marken leisten kann, wird von anderen dafür geschätzt. Mit der Marke, dem Original, steigt unser soziales Prestige. Es ist die Aura des Originals. Und es ist eine Einladung an Diebe, Räuber und Betrüger, Nachahmer und Hehler, sich dieses Vorrecht anzueignen.

Das ist nicht neu. Vom 8. bis zum 11. Jahrhundert, so haben Wirtschaftshistoriker herausgefunden, gab es eine Schwertmarke, die außerordentlich beliebt und verbreitet war unter den Germanen. Die Klinge trug die Aufschrift »+VLFBERH+T«. Jedenfalls meistens. Archäologen fanden nämlich auch andere Exemplare, bei denen +VLFBERHT+

oder auch VLFBERH+T eingeprägt war und deren Qualität eher so lala war. Wir ahnen es: Auch unter unseren Vorfahren im Mittelalter war das Kopieren und Nachahmen von Originalen üblich.

Wie Ulfberht, der Markeninhaber, mit solchen Nachahmern umging, wissen wir nicht. Vielleicht führten die Langfinger, wenn sie von Ulfberht oder seinen Mitarbeitern auf die Kopien angesprochen wurden, ins Treffen, dass sie von nichts wüssten, reiner Zufall. Möglicherweise aber war bereits jemand anwesend, der den Markeninhabern erklärte, dass es doch nur richtig und gut sei, wenn möglichst viele Menschen an Ulfberhts Schwertern teilhaben könnten. Man habe sich deshalb sehr bemüht, das Original so gut wie möglich nachzuahmen.

Gab es im Mittelalter robuste Maßnahmen, wenn jemand geistiges Eigentum stahl? Die Welt war längst nicht so vernetzt wie in diesen Zeiten. Aber wissen wir, die wir heute auf Knopfdruck im Onlineshop das Original und die offensichtliche Nachahmung nebeneinander kaufen können, denn mehr als diejenigen, die damals den falschen Ulfberht am Gürtel trugen?

Kopie und Kopierkultur versprechen erst einmal Teilhabe und Zugang. Wir können uns das Original nicht leisten – oder wollen es manchmal auch nicht – und greifen zum Metoo-Angebot. Das Original hat mehr Prestige, ja, aber warum sollte man einen teuren Markencomputer kaufen, wenn aus derselben Fabrik mit den gleichen Komponenten auch ein preiswerteres No-Name-Produkt zu haben ist?

Ich kaufe ein Auto der Marke Seat und weiß, dass ich damit die technisch letzte oder vorletzte Generation der Schwestermarke Audi aus demselben Konzern, Volkswagen, gekauft habe, oder erwerbe ein beliebiges Fahrzeug aus dem

Stellantis-Konzern, auf dem mal Opel, mal Peugeot, mal Citroën oder Fiat steht. Die Industrie, die auf Einheit und Effizienz, auf Skaleneffekte, fixiert ist, denkt immer weniger nach über die eigentliche Bedeutung der Marke. Plattformen und im Aussehen nur leicht veränderte Varianten stehen inzwischen für einst klar unterscheidbare Produkte und Dienstleistungen. Die berühmt-berüchtigte Formel Henry Fords ist zum Dogma der Industrie geworden: Sie können jede Farbe haben, vorausgesetzt, sie ist schwarz.

Was an Unterschiedlichkeit, Differenz fehlt, sollen Werbung und Marketing richten. Die Strategie ist recht einfach: Wir machen immer das Gleiche, aber wir lassen es anders aussehen. Damit werden die, die früher kopiert wurden, zu Kopisten ihrer selbst. Und sicher ist das nicht nur eine kurzsichtige Entscheidung, sondern auch Notwehr: Besser, wir vereinheitlichen und kopieren unsere verschiedenen »Markenauftritte« komplett, als dass es andere tun. Dann hat man für jeden Preisbereich was dabei, was soll's.

Das alles zeigt, wie wenig die Produktionswirtschaft von gestern in den Wertvorstellungen der Wissensökonomie denkt, bei der Vielfalt und echte Differenz, der Kern aller Innovation und aller Gewinne sind. Die Kopie ist zur Normalität geworden. Wo alles gleich ist, wird alles gleichgültig. Aber auch bei denen, die die Kopisten kopieren, gilt: Nichts ist so gut wie das Original. Erst recht nicht der Versuch, sich selbst zu kopieren.

Das China-Syndrom

Mit dem Aufstieg der Konsumgesellschaft in den 1960er- und 1970er-Jahren stiegen auch die Kosten der Produktion und Dienstleistungen. Höhere Löhne und die Ausweitung der Sozialleistungen plus eine Vielzahl neuer gesetzlicher Auflagen in den westlichen Heimatländern sorgten dafür, dass die »verlängerte Werkbank« – das Produzieren in Niedriglohnländern – immer mehr zur Normalität wurde.

Exemplarisch steht dafür die Volksrepublik China. Dort ließ man machen, was zu Hause größere Gewinne versprach. Natürlich gibt es andere Beispiele dafür, aber wir konzentrieren uns auf dieses Verhältnis, weil es besonders lehrreich ist. China ist führend in Kopie und Fälschung und beginnt auf dieser Grundlage nun, auch führend im Original zu sein. Zahlreiche Technologiebereiche, etwa E-Mobilität, Akkutechnologien, aber auch Robotik, Unterhaltungselektronik und anderes, werden allmählich zur chinesischen Domäne oder sind es bereits geworden.

Während wir uns selbst kopieren und unsere Einzigartigkeit aufgegeben haben, bauen die Chinesen eine neue Welt des Originals auf den Erfolgen ihrer Kopien unserer Originale auf. Wie einst Rom seine Kultur und Kunst weitgehend von den Griechen kopierte und sich zu eigen machte, recycelt China die westliche Technologie erst, um sie danach zu einer eigenen Marke zu machen.

Wir, der Westen, tun alles dafür, dass das funktioniert. Dazu muss man erst mal gar nichts klauen. Man muss sich nur etwas einreden.

Fabulieren

Das Wort »fabulieren« wird nicht mehr oft gebraucht. Das ist schade, denn die Pflege aufschlussreicher Wörter aus unserem Sprachschatz hilft doch sehr, das Echte vom beinahe

Echten zu unterscheiden. Fabulieren kommt vom lateinischen »fabulari«, was so viel heißt wie »schwätzen« oder »einen Schwank erzählen«. Man denkt sich etwas aus – das Wort ist ein Synonym für »fantasievoll erzählen; Geschichten erfinden und ausschmücken«,[80] wie der *Duden* weiß.

Fabulieren ist nicht einfach grobschlächtiges Lügen, derbes Tricksen und Betrügen. Nein, es ist, dem Wesen nach der Propaganda verwandt, eine Fälschungsform, bei der sich die Leute den Leim, auf den sie gleich gehen werden, selbst anrühren und ausstreichen. Denn die Fabulierer legen nur die Fährte aus, auf die sich die Kunden, die Auf-den-Leim-Geher, begeben. Sie stellen nur in den Raum, sie sagen nicht: Es ist eine Tatsache.

Das überlassen sie dem Publikum. Damit sind sie schon mal, was nicht so wenig ist, juristisch aus dem Schneider. Man erkennt solche Leute, ganz gleich, wo sie fabulieren und Realität zu erzeugen versuchen, immer sehr gut daran, wie sie sich von dem, was ihr Werk anrichtet, distanzieren: »Das habe ich so nicht gesagt«, sind ihre Lieblingsworte. Das hat der Kunde, der Geschäftspartner, der Wähler, der Mensch an sich leider, leider missverstanden.

Bestimmte Eigenschaften eines Produkts sind in der Regel technischer und materieller Natur. Das Aussehen und die Art und Weise, wie man die Sache bezeichnet, legen vielleicht etwas nahe, aber sichern es nicht zu. Eine große Stehlampe in Form einer Banane ist ein Leucht-, aber kein Lebensmittel, auch wenn es daran erinnert. Eine Disko, die beispielsweise in Grevenbroich steht und den Namen »Tropical Island« trägt, ist keine tropische Insel, das weiß jeder, das darf man voraussetzen. Denn in den Club dürfen ja nur erwachsene Menschen, die eben nicht erwarten, dass hier, im Ruhrpott, plötzlich »ein Stück Karibik« steht, wie die

Werbung sagt, sondern eben nur das, was man in Grevenbroich gemeinhin erwarten darf: eine Trinkhalle mit Musik und Tanzgelegenheit.

Von der Disko in Grevenbroich ist es nicht weit bis zur Heißluftfritteuse. Wer etwa auf Amazon nach einer solchen sucht, stößt früher oder später auf die Marke »Fabuletta«. Die bietet, zu günstigen Preisen und fast immer mit dem besonders beliebten Rabattcode, bunte Heißluftfritteusen an. Die Leute mögen das offenbar, gute Bewertungen bei Amazon belegen das. Und was die Kunden besonders hervorheben, ist das Aussehen: »Schönes Design, eben Italienisch«,[81] wie es in der Überschrift einer Kundenrezension heißt. Fabuletta, bunt, hübsch, da weiß man Bescheid – oder glaubt, es zu wissen. Tatsächlich behauptet die Firma Fabuletta von sich nicht, dass sie italienisch sei, denn das wäre ja gelogen.

Fabuletta ist einer von vielen Handelsmarkennamen, mit denen chinesische Airfryer gelabelt werden, was andere, durchaus bekannte Hersteller, ebenso machen. Und die Leute sind glücklich damit, die Qualität fällt nicht negativ auf. Zumindest kann man das aus den verifizierten Käufen und Rezensionen auf der Handelsplattform ablesen. Und wir glauben jetzt einfach mal, dass das keine Fakes sind – soll ja auch schon vorgekommen sein.

Dass die Marke hier gelandet ist, hat vermutlich mit dem Sinn für Humor der Geschäftsführung des Unternehmens in China zu tun – wir wissen es nicht. Jedenfalls könnte man den Namen als Augenzwinkern verstehen. Er steht für jene Suggestivnamen, die einen Eindruck hinterlassen, der sich allerdings erst im Kopf des Kunden formt. Das ist keine Täuschung. Es ist, wenn überhaupt, nur Selbstbetrug.

Zurück zu Fabuletta, die übrigens auch Staubsauger und andere Haushaltsartikel anbieten, mit schöner, beinahe echt italienischer Ästhetik, versteht sich. Italien steht für Lifestyle, gutes Design und besten Geschmack. Doch nicht überall, wo Italien draufsteht, ist auch Italien drin – wie wir schon weiter vorn anhand der Arbeiten des italienischen Sozialhistorikers Grandi festgestellt haben, der die »original italienische Küche« unter die Lupe nimmt.

Viele andere Hersteller aus Fernost, nicht nur aus der Volksrepublik China, erfinden gern nach Solidität wohlklingende Namen für die Märkte, in denen sie ihre Produkte absetzen wollen. »Rosenstein & Söhne« beispielsweise verkauft von Tiefkühlboxen bis Popcornautomaten alles, was der Mensch nötig hat. Der Name suggeriert Solidität pur, wir können geradezu den Schriftzug über dem mindestens seit 1848 existierenden Laden in der Hamburger Innenstadt sehen, zwischen den edlen Kontoren … Ehrlich beantwortet auf Amazon der Verkäufer »Pfiffig-Wohnen« die Anfrage eines zweifelnden Kunden, der auch im Internet nichts über den – qua fabula – Familienbetrieb aus deutschen Landen in Erfahrung bringen konnte: »Rosenstein & Söhne gibt es als Firma nicht. Das ist eine Hausmarke einer unserer Lieferanten. Und ja – das ist 100 % made in China.«[82]

Für so viel Ehrlichkeit, die im Reich des kaltblütigen Fremdlabelns und Markenerfindens, des Ein- und Umfärbens des Echten zum Zwecke des besseren Absatzes, schon selten geworden ist, bedanken sich die Kunden, die sich durch die Namenstäuschung betrogen fühlen – was rein rechtlich eine Übertreibung ist. Ja, Rosenstein & Söhne legt etwas anderes nahe als eine Produktionsstätte bei Shenzhen, aber verboten ist das nicht. Auch Apple verkauft keine Äpfel und Shell keine Muscheln. Es sind Markennamen, wie »Fabuletta« oder »Tropical Island«. Natürlich sehen das viele Verbraucher anders als die Markenjuristen, die damit formal recht haben. Die Kunden fühlen sich getäuscht, so wie sich von den »Mogelpackungen« getäuscht fühlen, die immer wieder Gegenstand empörter Kundenproteste und Verbrauchersendungen sind.

Mogelpackungen

Die Zahl der Mogelpackungen, die über die wirkliche Menge oder Beschaffenheit des Inhalts hinwegtäuschen,[83] hat sich, so sagen Verbraucherschützer, in den vergangenen Jahren vor dem Hintergrund von Inflation und Lieferproblemen vervielfacht. Nicht nur weniger, sondern auch schlechtere Qualität wird zu höheren Preisen verkauft. So kann man problemlos die Gewinne erhöhen, denn Preissteigerungen um 25 Prozent oder mehr würden kaum akzeptiert. Alternativ dazu gibt es die »Shrinkflation«, bei der die Täuschung darin besteht, dass der Preis eines Produkts inflationsbedingt nur sehr bescheiden angepasst, aber der Inhalt deutlich reduziert wird, ohne dass dies auf der Verpackung deutlich wird.

Ein falsches Spiel. Vertrauen, das haben wir gelernt, ist ein großes Wort, aber in der Eile des Einkaufs ist der Versuch von Herstellern, ihre Stammkunden übers Ohr zu hauen, entweder grunddumm – weil wir von Betrügern nichts mehr kaufen – oder noch schlimmer: ein realitätsnahes Kalkül, weil die Leute es einfach hinnehmen, dass sie betrogen werden. Sie wirken an dem Betrug selbst mit, werden zu Komplizen, die verzagt und frustriert sagen: »Da kann man nichts machen, es sind eh alles Gauner.«

So soll es nicht sein. Wir dürfen davon ausgehen, dass wir an einem Geldausgabeautomaten den Betrag erhalten, den wir tatsächlich abgebucht haben. Wir dürfen davon ausgehen, dass uns an einer Tankstelle Benzin mit der auf der Zapfsäule angebrachten Qualitätsstufe zu den angezeigten Preisen verkauft wird. Wir dürfen auch davon ausgehen, dass Menschen, die eine wissenschaftliche Arbeit vorlegen, die ihren Namen trägt, von ihnen verfasst wurde und nicht von Dritten, die dafür bezahlt wurden oder deren geistiges Eigentum schlicht geklaut wurde.

Wir dürfen davon ausgehen, dass es verbindliche Regeln gibt, in denen die Realität, zu der auch die Verbindlichkeit von Vereinbarungen gehört, respektiert wird und nicht gebeugt. Wir müssen davon ausgehen dürfen, dass wir in einem funktionierenden Rechtsstaat recht bekommen gegen die, die vorsätzlich oder fahrlässig Unrecht begehen. Das alles sind keine Kleinigkeiten. Anstand, das ist eine harte Währung, die sich in Gesetzen und Verordnungen widerspiegelt.

Wie man das Trojanische Pferd füttert

In der *Illias* beschreibt Homer die Belagerung Trojas und dessen Fall. Die Griechen bauten nach langer, erfolgloser Belagerung ein großes Holzpferd und stellten es nachts vor die Tore der stolzen Stadt. Dann zogen sie zum Schein ab. Als die Trojaner morgens erwachten, war der Feind verschwunden. Damals war es Brauch, dass unterlegene Kriegsparteien Geschenke machten, bevor sie sich zurückzogen. So feierten die Trojaner ihren vermeintlichen Sieg ausgelassen und holten das riesige Holzross in ihre Stadt. In der nächsten Nacht entstiegen griechische Elitesoldaten dem Pferd und brannten Troja nieder. Die Griechen gewannen, weil die Sorglosigkeit der Trojaner deren eigenen Untergang beschwor. Sie hatten aufgehört, kritisch zu zweifeln und wachsam zu sein. Sie hatten darauf verzichtet, den Gegenstand fachgerecht zu prüfen, bevor sie ihn sich ins Haus holten und er dort Ärger machen konnte. Wir sind alle Trojaner geworden.

Computerviren, also destruktive Programme, die Systeme, Firmen, ganze Länder lahmlegen, haben deshalb ebenfalls den Namen Trojaner erhalten. Dass es sie gibt, liegt an den Benutzern und deren Habgier, deren Überheblichkeit und Leichtsinn. In den 1980er- und 1990er-Jahren verbreiteten sich Computerviren über illegal gezogene Programme auf Diskette. Alle klauten, überall, weil es so einfach war. Und niemand wollte der Dumme sein und zahlen, die eigenen Hausaufgaben machen. Sie wollten die Software – und bekamen sie auch.

In Zeiten des World Wide Webs ist es nochmals leichter, der natürlichen Gier der Menschen nach etwas, das vermeintlich nichts kostet, trojanische Pferde vorzusetzen. Nur die Technik ist inzwischen ausgefeilter und effizienter geworden. Jeder hat schon mal per Mail einen dieser Briefe bekommen, in denen der Absender behauptet, er sei der Nachlassverwalter eines vermeintlichen Verwandten. Der habe eine große Summe – sagen wir 15 Millionen – hinterlassen, die einem zustehe und die man gegen eine geringe Gebühr bekomme – sagen wir 2500 Euro –, Kontonummer anbei. Dass solche Fakes nach drei Jahrzehnten Internet immer noch nicht ausgestorben sind, liegt daran, dass es genug Menschen gibt, die glauben, was sie glauben wollen. Im Fall dieser Kettenbriefe sind es vielleicht nur ein paar Promille, aber das genügt völlig, wenn man einige hunderttausend, wenn nicht gar Millionen Mails versendet. Die Masse macht's.

Als Einwohner der Kopiergesellschaft haben wir alle, ganz gleich auf welcher gesellschaftlichen, sozialen Stufe wir auch stehen und welchen Bildungshintergrund wir genossen haben, gelernt, dass wir uns »unseren Teil vom Kuchen« holen müssen. Die einen tun das bekanntlich recht rabiat, die anderen klagen ständig, dass ihr Anteil zu klein sei. Das führt in beiden Fällen dazu, dass es ständig Bedarf nach frischen Kuchenstücken gibt – oder Trojanischen Pferden. Wir werden getäuscht, weil wir getäuscht werden wollen. Die Grundlagen unserer Niederlagen sind in unserer Vorstellung begründet, zu kurz zu kommen, wenn wir mal eine günstige Gelegenheit verpassen. So wie die Trojaner, als sie das Pferd vor dem Tor sahen. Sollen wir das etwa verkommen lassen? Lasst uns zweifeln und fragen: Aus welchem Holz wurde das Trojanische Pferd geschnitzt?

Just-in-time-Sampling

In den 1970er- und 1980er-Jahren machte die Automatisierungstechnik große Sprünge. Immer kleinere elektronische Schaltkreise boten immer mehr Leistung auf kleinstem Raum. Eine der ersten Branchen, in denen die Digitalisierung alles umkrempelte, war die Logistik. Eine Konsumgesellschaft ist nicht machbar ohne globalen Handel, ohne die exakte Organisation des Warenflusses. In der Produktion wurde bis tief in den Mittelstand hinein automatisiert, und die großen und finanziell riskanten Warenlager wurden abgebaut. Just-in-time war das Schlagwort – »zur rechten Zeit«.

Gemeint ist damit, dass die Produktion und der Zufluss von Materialien so gesteuert werden, dass immer nur das Nötigste in der Fabrik ist. Der Rest wird nicht in teure Materiallager investiert, die Kapital binden, sondern extern vorgehalten, in fernen, global ausgelagerten Fabriken etwa, die informationstechnisch so eng mit der »eigentlichen« Produktionsstätte verbunden sind, dass alles in einem harmonischen Fluss ist, etwa von einer Fabrik in China nach Karlsruhe, via Eisenbahn, Lastwagen, Schiff und Flugzeug, was immer gebraucht wird und effizient ist.

Die grundsätzliche Idee hat der japanische Automobilkonzern Toyota entwickelt, insgesamt ein Vorreiter moderner Produktionskultur. Just-in-time ist dort nicht nur eine technische, logistische Lösung, sondern baut auf einer anderen Kultur auf, die wissensökonomisch breit aufgestellt ist und die Hierarchien der Fabrikgesellschaft hinter sich lässt. Bei uns hingegen begnügt man sich, kein Warenlager zu haben und es auf Autobahnen auszulagern, die umso schneller kaputtgehen, weil dort Massen an schweren Lastwagen rollen. Wir haben nur einen Teil begriffen. Das ist das Problem.

Dabei spielt das in Japan – und China – als kulturelle Normalität erfahrene Denken in Zusammenhängen eine entscheidende Rolle, das also, was wir im Westen – sehr unscharf – als ganzheitliches Denken verstehen und öfter mal missverstehen. Zwar ist der Kollektivismus in Japan und China wichtig, aber der Vereinheitlichungsdruck existiert gleichzeitig mit einer anderen Vorstellung von Echtheit und Original als hier. Unterschiedlichkeit, Verschiedenartigkeit haben tatsächlich und entgegen vielen Vorurteilen im westlichen Kulturkreis eine große Bedeutung.[84]

Die Kultur fordert Alternativen ein. Sie vereinheitlicht die Grundlagen, aber sie ist sich dessen bewusst, dass das Ergebnis nicht Gleichförmigkeit, sondern Differenz sein soll, zumindest bei Produkten. Es geht eindeutig von der Quantität zur Qualität, und Qualität ist die Mutter des Echten und Einzigartigen, ganz gleich, ob wir in Markenwelten oder Unikaten denken. Kopiert wird anfangs wie wild, aber nur, um am Ende etwas Eigenes zu schaffen, das sich nicht mehr so leicht nachmachen lässt. Ganz nach dem, was Deng Xiaoping sagte: Talente verbergen und abwarten, bis deine Stunde schlägt.

Dieser Vorstellung ist der ganze Prozess von Anfang an untergeordnet. Und das ist ja auch uns nicht unbekannt: Wir fangen einmal an, indem wir anderes lernen, kopieren. Dann machen wir daraus etwas Eigenes, was schon schwerer nachzumachen ist, weil es eine besondere Qualität besitzt, eine unverkennbare Eigenschaft der Güte und der Form. Allmählich transformiert sich aus der Kopie ein Original.

In der klassischen Musik kennt man das etwa von den »Variationen über ein Thema«. Dabei nimmt der Komponist eine kurze Sequenz der musikalischen Idee eines anderen und macht daraus – erkennbar – etwas Eigenes. Was wir in der Popkultur Sampling nennen, Zusammenstellen also, ist nichts anderes. Beim echten Sampling sind die Originale – das Ausgangsoriginal und das, was der Künstler in seiner Interpretation daraus macht – klar ersichtlich. Johannes Brahms Variationen eines Themas von Haydn sind zweifelsohne eine eigene musikalische Schöpfung, nur ein kurzes Motiv erinnert an den Urheber. (Der übrigens gar nicht Haydn war, aber das ist eine andere Geschichte.) Wenn Peter Gabriel im Video zu seinem Hit »Sledgehammer« sein Gesicht aus Früchten »morphen« lässt, zitiert er damit die berühmten Werke des Renaissance-Malers Giuseppe Arcimboldo. Wenn in Johann Sebastian Bachs *Matthäuspassion* auch die berühmte protestantische Kirchenmusik Hans Leo Haßlers auftaucht, ist das ebenfalls unverkennbar ein Zitat, auch ganz ohne Fußnote. Das Zitat ist allgemein bekannt, es ist keine Täuschung. Es wird als Ausgangspunkt verwendet, um Neues zu schaffen.

Der Grenzbereich zwischen Original und Kopie scheint hier dünn zu sein, aber das stimmt nicht. Ehrlich währt nicht nur am längsten, es ist auch am klarsten erkennbar, unterscheidbar. Dazu aber muss man erst mal das, was man zitiert, gut kennen. Ganz gleich, ob es ein Kirchenlied ist oder eine Logistikmethode. Gut kennen heißt immer auch, die kulturellen und sozialen Grundlagen verstanden zu haben. Es ist eine Frage des guten Handwerks, ob man etwas Echtes schafft.

Das Grundmuster aller Einzigartigkeit, egal ob Kunst oder Wirtschaft, wird darin deutlich. Es ist vergleichbar mit der Ausbildung bei einem Meister, der dem Lehrling beibringt, wie etwas geht, und der schaut nicht nur aufs Werkzeug, sondern auch auf die Umstände, unter denen es geführt wird. So wird aus dem Lehrling selbst ein Meister, der nicht einfach eine Kopie seines Lehrers ist, sondern ein eigenständiger Schöpfer. Das ist, egal auf welchem Level und in welcher Branche, das, was wir Know-how nennen. Gewusst wie. Das klingt gegenüber der großen Beraterphrasen heute fast klein. Aber es ist die Idee allen Echten. Erst mal lernen, was ist, genau die Realität studieren, dann selbst probieren, erkennen, machen.

Know-how ist der Kern aller Originale, ganz gleich, ob man Bohrmaschinen fertigt, Computer oder Gemälde. Know-how heißt zu wissen, was man wann wie tut und wie man das weiterentwickelt. Und das ist mehr als nur das angelernte und reproduzierbare Wissen darüber, wie man eine bestimmte Sache macht. Know-how ist der Kern der Marke, der Originalität und Qualität. Wer sein Know-how aus der

Hand gibt, gibt sich selbst aus der Hand – der Kopf, das Wissen darin, ist das wichtigste unternehmerische und persönliche Kapital. Know-how ist ganz echt. Was wir aber in der Kopiergesellschaft erleben, sind meist halbe Sachen.

Aufgrund der aktuellen internationalen Verwerfungen wird versucht, Industrie und Produktion wieder in Westeuropa anzusiedeln. Darin liegt die Chance, Industrie nach wissensökonomischen Prinzipien neu zu gestalten. Das aber unterbleibt häufig, die Industriestrategien dienen eher der Verfestigung alter Strukturen. Begründet wird dies mit einer »Grundversorgung«, die uns unabhängig machen soll. Der Strukturkonservatismus, der dahintersteckt, wird von Gewerkschaften, Unternehmerverbänden und der Mehrheit der Parteien geteilt. Es sind halbe Sachen, die wie halbe Wahrheiten ganz schön danebenliegen.

Wir sehen zwar, dass China und Indien und andere uns technisch und innovativ überholen, aber die eigene Selbstgerechtigkeit sagt uns: Industrie, Produktion, das können wir noch lange besser. Es ist das Ergebnis einer Überheblichkeit, die uns längst in allen Positionen die führende Rolle in der globalen Wirtschaft gekostet hat. Die anderen werden so unterschätzt, dass man ihnen nicht zutraut, dass sie aus dem Know-how, das sie erworben haben, etwas machen könnten.

Es ist eine kolonialistische Einstellung, die übrigens dafür gesorgt hat, dass wir aus Hochmut unseren aktuellen Konkurrenten unser Wissen preisgegeben haben. Die anderen sind, so glaubt der Kolonialist, einfach nicht schlau genug, ihm zu folgen, deshalb kann er einfach alles machen, was er will, sogar die Kernstücke seines intellektuellen Kapitals preisgeben, den Kern des Originals, der Innovation, das Einzigartige. Nun aber sind wir die Dummen.

Es zeigt sich, dass China und Japan, nur zum Beispiel,

sehr viel genauer wussten und wissen, welches Ziel sie verfolgen, wie sie den begehrten Wissenstransfer von ständig gierigen westlichen Managern bekommen, die nur ihren Quartalszielen und sonst nichts verpflichtet sind und dafür Haus und Hof verkaufen. Unsere Partner in Fernost haben schnell erkannt, dass die Westler ihr Kapital nicht schätzen. Die westliche Industriegesellschaft hält Werte wie Fleiß, Eifer, Tüchtigkeit, Schnelligkeit, Stärke und Masse hoch. Geistiges hingegen ist suspekt – Gedöns.

Vom Mündel zum Vormund

Im Westen steht das 20. Jahrhundert für zwei Weltkriege, aber auch für die Vermehrung des allgemeinen Wohlstands auf ein Niveau, das sich unsere Urgroßeltern nicht zu erträumen wagten. Das gilt, vielleicht noch viel mehr als hier, auch für China.

Im Sommer 1971 flog der Außenminister der USA, Henry Kissinger, nach Peking, ins kommunistische Feindesland, um politisches Quartier für seinen Chef, Präsident Richard Nixon, zu machen, der ein knappes Jahr später die Welt mit seinem offiziellen Besuch der Volksrepublik China verblüffte. Diese Visiten änderten nicht nur das Leben der damals 800 Millionen Chinesen in der Volksrepublik, sondern auch das der gesamten Welt.

Im bitterarmen Niedrigstlohnland unter der Knute der Partei, wo es keine Gewerkschaft und keinen Schutz der Medien geben konnte, ließ sich konkurrenzlos günstig was machen – und auf den konsumorientierten Heimatmärkten hochpreisig verkaufen. Eine Win-win-Situation, wie es schien, denn erstens gewannen dabei die Unternehmen und

China-Investoren, zweitens die westlichen Verbraucher (und bald auch jene in Entwicklungs- und Schwellenländern, als die Produktion immer umfänglicher wurde) und nicht zuletzt die chinesische Bevölkerung mit ihrem Staatsapparat selbst. Während der Kommunismus solo nur für millionenfachen Tod durch Hunger oder sogenannte »Kulturrevolution« gesorgt hatte, erwies sich der Kapitalismus als weitaus hilfreicherer Verbündeter der Massen.

Als China 2001 Mitglied der World Trade Organization (WTO) wurde, zeigte sich, wie falsch die Einschätzung des Westens war. Hier trat kein Mündel bei. China verstand sich wie von selbst – und durchaus berechtigt – als Vormund.

Die Zahl der Produkte, die »Made in China« sind, wuchs beständig. Aber wer kannte eigentlich chinesische Marken? Bis vor wenigen Jahren gab es kaum eine. Das Reich der Mitte war in den Augen der westlichen Bürger eine einzige große Fabrik, in der eben die Dinge gemacht wurden, die man im Westen kaufte und die meist im Westen erdacht wurden. »Designed in USA, made in China« wurde zur stehenden Phrase. Oder: »Engineered in Germany, made in China«. Das nährte den Irrtum, wir hätten hier den harten Kern der Wissensarbeit und »der Chinese« schraubte das dann halt nach unseren Vorstellungen und unter strengster Kontrolle zusammen.

Aber nach gut dreißig Jahren, in denen China vom Westen und zunehmend auch der Kommunistischen Partei zum wichtigsten Produktionsland der Welt ausgebaut wurde, veränderte sich das westliche Bild vom billigen Chinesen, der nicht gleich wegen jeder Kleinigkeit krankfeierte, nach dem Betriebsrat rief oder nach mehr Arbeitsschutz. Nicht so sehr, weil dort plötzlich soziale Verbesserungen wie eben ein vernünftiger Arbeitsschutz oder Ähnliches wichtig geworden wären – wo denken wir hin –, sondern weil chinesische Unternehmen westliche Unternehmen kauften und so auch in der Hochtechnologie eine Führungsrolle anstrebten, die sie heute innehaben, etwa in der Fertigung essenzieller Energiespeicher für Elektrofahrzeuge oder in der Fotovoltaik. So übernahm Lenovo 2004 das Desktop- und Notebookgeschäft der mächtigen IBM und wurde zum größten Computerhersteller der Welt. Und in Deutschland gehören den Chinesen große Maschinenbauer wie beispielsweise Krauss-Maffei und Roboterspezialist Kuka.

Beim Erfinder des Originals unter den Automobilen, Mercedes Benz, ist die Geely Group, geführt vom Xi-Vertrauten und strammen KP-Mitglied Li Shufu, mit 9,69 Prozent der zweitgrößte Einzelaktionär. Li ist Vizevorsitzender des chinesischen Autoherstellerverbandes, Mitglied im mächtigen Nationalkomitee, bei ihm laufen alle Fäden der chinesischen Automobil- und Maschinenbaustrategie zusammen. Das größte Aktienpaket bei den Schwaben hält die Beijing Automotive Group (BAIC) mit 9,98 Prozent. Diese wiederum gehört zu 9,55 Prozent den Schwaben. Das gleicht sich doch aus, oder?

Im Selbstverständnis westlicher Manager sind das aber keine Niederlagen, sondern werden eher als Kompetenzerweiterung verstanden. Das ist aber bloß Teil des kollektiven Realitätsverlusts unter den Führungskräften im Westen. Tatsächlich haben die Chinesen die Zügel angezogen. Aber die Manager aus Europa und den USA tun so als ob, seit Jahrzehnten. Die eigenen Lügen und Konstruktionen, die ganze Inszenierung des global erfolgreichen westlichen Machers, sie zerschellen in Asien. Die Chinesen wiederum stellen ihre Gegner nicht bloß – es geht um die Wahrung des Gesichts, sie sind das, was die Westler bloß von sich behaupten: pragmatisch. Wozu den Verlierer beleidigen? Gewonnen haben sie ohnehin – erst mit Kopien, dann mit Originalen.

Made in Germany, eine Attrappe

Eine Attrappe ist ein Objekt, das so tut, als sei es echt. Wir kennen das vom Straßenrand, wo eine Radarfalle steht, die uns sofort die vorgeschriebene Geschwindigkeit einhalten lässt. Einige der Dinger sind aber gar nicht echt, sie tun nur so, aber das wiederum macht ihre Wirkung nicht geringer, zumal dann, wenn regelmäßig Attrappen gegen Originale ausgewechselt werden. Das spart Kosten bei gleichem Effekt.

Im Zweiten Weltkrieg wurden Attrappenarmeen – Panzer, Flugzeuge, Transporter – auf englische Wiesen gestellt, die die Deutschen davon überzeugen sollten, dass die Alliierten unermesslich viel Material ansammelten. Die Luftwaffe ließ sich davon so nachhaltig täuschen, dass sie ihre ohnehin knappen Ressourcen mit dem Bombardement auf die hohlen Attrappen vergeudete. Es gibt auch den Fall, dass Attrappen ehemalige Originale sind, im Lauf der Zeit nicht funktionsunfähig, nutzlos, hohl geworden. Das geht langsam vor sich, unmerklich, und ist deshalb eine besondere Gefahr. Wie hohl ist das, was wir deutsche Qualitätsarbeit nennen?

Vorweg: Deutschland war schon einmal viel mehr Wissensökonomie, also eine Wirtschaft der Innovation und Originale, und zwar in einem weltweit anerkannten Ausmaß. Ab dem letzten Drittel des 19. Jahrhunderts war klar, dass Innovation und Erfindergeist den Wohlstand antreiben. Es genügte nicht, grobmotorisch Industriearbeit zu machen, man wollte besseren Stahl, bessere Maschinen, bessere Systeme. Wissen war schon mal Macht. Aber das geriet in der Konsumgesellschaft ebenso in Vergessenheit wie der Umstand, dass wir unsere Talente nicht verbergen dürfen, wenn wir wieder Original sein wollen – und Abwarten für den Platzhirsch von gestern tödlich ist.

»Made in Germany«, das war der feinstoffliche Teil der industriellen Revolution, und er wurde verkörpert durch Unternehmen wie die 1865 in Mannheim-Jungbusch gegründete Badische Anilin- & Sodafabrik (BASF), in der Steinkohlenteer, der bei der Verkokung zur Gewinnung von Gas für die städtische Beleuchtung abfiel, zur Farbstoffgewinnung genutzt wurde. Originalität – in der Wirtschaft wie anderswo – lebt davon, dass man zuhört, die Realität anerkennt.

Und die Welt sehnte sich nach Buntheit, nach Farbe, gerade bei den nun relativ preiswerten Textilien, die aus den großen britischen Spinnereien auf den kontinentalen Markt strömten. Echte Farben – das war etwas, was bisher nur die feinen Herrschaften besaßen. Wer sich die mithilfe von künstlicher Intelligenz nachkolorierten Bilder aus der zweiten Hälfte des 19. Jahrhunderts ansieht, erlebt eine Welt, die ungleich farbenprächtiger ist als das, was wir heute vor Augen geführt bekommen. Überall, bei den Reichen und bei den Armen, war Farbe im Spiel, und fast immer war dafür eine deutsche Chemiefabrik verantwortlich.

Gleiches galt in der Medizin, in der Physik, im Maschinenbau, und all das befruchtete auch die Kunst. Es geht hier nicht um das Bild einer nie existenten »guten alten Zeit« – die sozialen Bedingungen für die breite Masse haben sich zweifelsohne seither entscheidend verbessert. Aber die Industrie war in dieser für das, was wir heute Deutschland nennen, wichtigen Selbstfindungsform der zweiten Hälfte des 19. Jahrhunderts der alles verbindende, alles erhellende Leitstern. Man war offensiv, und das Trojanische Pferd war die deutsche Industrie selbst. Was ist nur aus dem Gaul geworden?

Noch 1990 wieherte er, wenn man China als überlegen bezeichnete. War man nicht »Exportweltmeister«? Und die Mahner, dass zu wenig Originalität, Wissen, Innovationsfähigkeit im Spiel ist, einfach nur üble Nestbeschmutzer, Neider, Spielverderber? Doch im Jahr 2022 war China mit 3594 Milliarden Dollar vor den USA mit 2065 Milliarden eindeutiger Erster der Liste, Deutschland belegte den dritten Platz mit 1655 Milliarden US-Dollar.[85]

Im letzten Drittel des 19. Jahrhunderts führte man in Großbritannien die Schutzbezeichnung »Made in Germany« gegen minderwertige deutsche Importwaren ein, die britisches Design nachahmten, etwa Tee- oder Kaffeeservices, die in Massen exportiert wurden. Deutschland galt als Ramschladen der Welt, was ungefähr der Rolle Chinas entsprach, bevor dieses Land vor knapp drei Jahrzehnten seine Qualitätsstrategie änderte und sich sehr nachhaltig daran machte, den Vormund – die westlichen Investoren in China – zum Mündel zu machen, was ganz glänzend gelingt.

Aus dem Stigma des Labels »Made in Germany« – Vorsicht, Nachahmung! – wurde durch die Fähigkeit deutscher Unternehmer und Innovatoren, aus dem Ramsch hochwertige Ware zu machen, welche die Welt verblüffte, das genaue Gegenteil. Im aktuellen Made-in-Ranking der Staaten, deren Produkte das meiste Vertrauen bei den Konsumenten genießen, ist »Made in Germany« von der Fälscherwarnung zum Echtheitszertifikat Nummer 1 geworden.[86] Hier bedienen sich beispielsweise die Fabulierungsmeister von Rosenstein & Söhne und anderen Anbietern, die ihren fantasievollen Markenlabels ein »Germany« hinzufügen, was allein durch die Anmietung eines Vertriebsbüros in Deutschland leicht möglich ist.

Seit 2013 versucht das Europäische Parlament dagegen vorzugehen, dass auf eindeutig in China und anderswo hergestellten Produkten dennoch ein »Made in Germany« prangen darf. Dazu gibt es bisher kaum Einschränkungen, was den angestammten Markenherstellern ein Dorn im Auge ist, denn damit wird den Nachahmungen und Me-Too-Produkten aus Billigproduktion noch weiter der Weg geebnet. Um Original, Herkunft und damit Echtheit des Produkts besser zu schützen, hat der Binnenmarktausschuss des Europaparlaments vorgeschlagen, sich an den Zollregeln zu orientieren. Diese fragen danach, wo der höhere Wertschöpfungsanteil einer Ware liegt, die auf den EU-Markt gebracht wird. Ein Computer aus China ist auch dann nicht »Made in Germany«, wenn er in einem Düsseldorfer Gewerbegebiet in eine deutsche Verkaufsverpackung gesteckt wird – wobei nicht einmal mehr das geschieht.

Das wiederum scheint vielen heimischen Markenanbietern dann auch wieder nicht recht. Denn das würde dazu führen, dass sie nicht mehr wie gehabt nahezu alle Tätigkeiten nach China auslagern können und in Deutschland nur noch hübsche Vertriebsvorposten zum Hingucken aufstellen sowie ein paar Aufkleber »Made in Germany« drucken lassen müssen. Das ist ein weiteres Lehrstück der Heuchelei und Doppelgleisigkeit, die man vielen Unternehmen vorwerfen muss: Oft schreien dieselben Firmen, Manager, Lobbys, die gegen zu einfache Zugänge ausländischer Mitbewerber sind, in beide Richtungen, was daran liegt, dass man hier wie dort vitale Interessen hat.

Während hier um den falschen Fuffziger des vermeintlich echten »Made in Germany« gefeilscht wird, breiten die Chinesen eine nachvollziehbare Qualitätsstrategie aus, die zur Wissensökonomie passt. Die ist nichts anderes als das Primat von Innovation und Transformationsfähigkeit, ganz gleich, ob man nun auf Wachstum oder auf die Reduktion von Schadstoffen aus ist. Es geht um eine bessere Anpassung und um bessere Lösungen für definierte Probleme. Insofern steckt im umstrittenen Begriff der Wissensökonomie ja immer der echte, harte Kern des Unternehmerischen, ganz im Sinne der Aufklärung, bei der die Dinge nicht so bleiben sollen, wie sie sind. Wir können auch anders.

Im Jahr 2012 warnte der damals in China als Gastprofessor tätige ehemalige deutsche Wirtschaftsminister und Ministerpräsident von Nordrhein-Westfalen, der Sozialdemokrat Wolfgang Clement, davor, China als reines Fließband westlicher Auftraggeber misszuverstehen. »Es gibt hier ein ungeheuer größeres Interesse an Wissen, an Bildung, an Wissensökonomie, als ich es jemals in Deutschland erlebt habe«,[87] sagte er. Das Land sei eindeutig auf dem Weg in die »postindustrielle Wissensgesellschaft«, während in Deutschland zwar de-industrialisiert würde, aber »niemand auch nur eine Idee davon hat, was danach kommen soll.« Clement, der lange Jahre Ministerpräsident in Nordrhein-Westfalen war, der historisch dichtesten Industrieregion der Welt, wusste sehr genau, wo die Grenzen der Transformation liegen: Während wir »um das trauern, was wir schon lange nicht mehr haben«, so Clement, »treiben die anderen die Grundlagen des Wohlstands voran, sie lösen Probleme, sie lernen, sie machen es besser«.

»Made in China 2025«,[88] die für 2025 gesteckten Ziele bestätigen Clement heute in allen Punkten. »Made in China«

soll für die Weltmarktführung in den wichtigsten Bereichen der Produktion, Digitalisierung, Robotik und Gentechnik stehen, und noch einiges mehr. Konkret hat die chinesische Regierung bereits 2018 zehn Schlüsselbranchen und neun Schlüsselaufgaben benannt, in denen »Made in China« das werden soll, wofür einst »Made in Germany« stand. Es geht dabei immer um Wachstum und um die Förderung der Umstrukturierung von produzierenden Branchen, indem nicht mehr Masse das Ziel ist, sondern die Qualität. Stillstand ist keine Option. Die Schlüsselbranchen:

1. Maschinen für die Landwirtschaft
2. Schiffbau und Meerestechnik
3. Energieeinsparung und Elektromobilität
4. Informations- und Kommunikationstechnologien der neuen Generation
5. High-end-gesteuerte Werkzeugmaschinensysteme und Robotertechnologie
6. Elektrizitätsanlagen
7. Anlagen für Luft- und Raumfahrttechnik
8. Neue Werkstoffe und Materialien
9. Moderne Anlagen für den Schienenverkehr
10. Biomedizin und High-Performance-Medizingeräte

Was will China nun in diesen Branchen erreichen? Die Regierung nennt an erster Stelle die Steigerung der Innovationsfähigkeit in der Fertigungsindustrie, gefolgt von der intensiveren Integration von IT in der Produktion. Neben einer Stärkung der industriellen Basisfähigkeiten geht es dabei ausdrücklich um eine »Verbesserung des Marken und Qualitätsbewusstseins chinesischer Marken« und um eine »umweltfreundliche Produktion«. Es sind die Tugenden, die

die westliche Wirtschaft großgemacht haben oder die in den westlichen Unternehmen hervorgehoben werden. Das aber reicht den Chinesen nicht: Sie streben die »Förderung von technologischen Durchbrüchen in den zehn Schlüsselindustrien« an und eine »Umstrukturierung«, bei der nicht länger »Masse das Ziel ist, sondern die Qualität«. Das ist ein wissensökonomisches Programm, wie es der Westen nicht hat.

Es ist nicht schwer nachzuvollziehen, dass es hier um den Kern der Transformation von einer reinen Industriegesellschaft zu einer wissensbasierten Ökonomie geht, die scheinbar lange Jahre nur dem Westen vorbehalten schien. Doch der hat aus den Augen verloren, was China fest im Fokus hat: vom Mündel nun zum Vormund werden. Das Original, die Vorlage für eine neue Form der Welt.

Nutella-Effekte und Discount-Kriege

Im Jahr 1979 startete der italienische Nahrungsmittelkonzern Ferrero in Deutschland eine bemerkenswerte Werbekampagne: »Nur wo Nutella draufsteht, ist auch Nutella drin.« Das wurde bald zum geflügelten Wort, auch weil es immer mehr Gelegenheiten gab in der aufstrebenden Konsumwunderwelt der späten 1970er-Jahre, originäre Produkte wie Nutella durch preiswerte Imitationen von Discountern zu bedrängen. Lange war das kein Thema gewesen. Die Nachkriegsgeneration setzte auf Markenware, das war eine der Erfahrungen der bitteren Armut. Wenn man es sich leisten konnte, wollte man Jacobs Krönung, echte Butter, echten Cognac, keine Ersatzstoffe mehr, keinen Muckefuck, den es früher auf Lebensmittelkarte, später beim billigen Jakob am Marktstand gab.

Das Echte schätzt, wer die Kopien satthat. Aber was ist eigentlich mit all jenen, die den Unterschied zwischen hungrig und satt nicht kennen? Die nie Muckefuck getrunken haben und für die Margarine nicht die zweite Wahl zur echten Butter ist, sondern ein Lifestyle-Aufstrich?

Der billige Jakob der 1970er-Jahre war der Lebensmitteldiscounter. 1973 hatte der aus einer alten Heilbronner Kaufmannsfamilie stammende Dieter Schwarz seinen ersten Discountmarkt in Ludwigshafen am Rhein eingerichtet. Die bis heute wichtigsten Konkurrenten von Lidl, die Aldi-Märkte der Gebrüder Albrecht, wurden ein knappes Jahrzehnt zuvor ins Leben gerufen. Aldi setzte im Jahr 2021 weltweit in fast 4200 Filialen insgesamt 121 Milliarden US-Dollar um,[89] Lidl ist dicht dahinter mit 12 155 Filialen und knapp 115 Milliarden Umsatz.[90]

Mit beiden Unternehmen ist der Aufstieg der sogenannten Haus- oder Eigenmarken verbunden. Während Markenhersteller »das Original« sind, die ein Produkt, eine Sorte, einen Geschmack auf den Markt einführen, sind die Hausmarken die Nachahmer dieses Originals. Schmeckt (fast) wie echt, manchmal sogar besser, ist aber billiger. Hausmarken wachsen wie verrückt. Im Jahr 2021 lag laut der Gesellschaft für Konsumforschung (GfK) der Anteil der Handelsmarken am gesamten Umsatz im Lebensmittelhandel Deutschlands bei 42,8 Prozent, jährlich wächst er um rund 2 Prozent.[91]

Nun werden die meisten Handelsmarken von eben jenen Herstellern produziert, die auch die Originalwaren herstellen. Sie tun dies, weil sie dem Wachstumszwang unterliegen. Ihre Produktion muss ausgelastet sein, die Discounter sorgen für langfristige Abnahmen. Die Sache ist risikoreich. Denn die Produkte für Aldi, Lidl und längst auch alle anderen Handelsketten sind deutlich günstiger, werfen weniger Marge ab und kannibalisieren gleichsam das eigene Originalprodukt. Die billige Kopie schneidet sich eine Scheibe nach der anderen vom Original ab. Einige Originalhersteller haben sich deshalb schon aus dem Geschäft zurückgezogen, doch das ist eine alles andere als einfache Entscheidung.

Der Lebensmittelmarkt ist von jeher einer, auf dem Metoo-Produkte, Nachahmerartikel also, hervorragende Chancen haben. Ferrero etwa, das Mutterunternehmen von Nutella, hat nicht an der Inverkehrbringung des bei Aldi im Discount angebotenen Nutoka mitgewirkt –, dessen Markteinführung Ende der 1970er-Jahre die Ursache für den Nutella-Spot war. Doch mittlerweile sind die Läden voll mit Me-toos, Eigenmarken, Handelsmarken und eigenständigen Nachahmungen, die sich fast immer besser rechnen als das Original.

Das ist logisch. Die Originale, die Markenmacher, investieren in die Entwicklung und sind als Pioniere am Markt besonders hohen Risiken und Kosten ausgesetzt. Wer ein Original schafft, muss oft Jahre, wenn nicht Jahrzehnte, an der Optimierung des Produkts oder der Idee arbeiten.

Wenn dann klar ist, dass ein Produkt auf dem Markt angenommen wird – nur mal zum Beispiel Schoko-Nuss-Creme als Brotaufstrich –, ist es für Nachahmer relativ einfach, auf diesen Pfaden zu weit geringeren Kosten zu produzieren. So kommt es, dass die Originalhersteller lieber selbst die Rolle der Täter einnehmen, als ständig zum Opfer zu werden. Sie kopieren sich selbst, indem sie Discounter mit Handelsmarken beliefern.

Was das kulturell macht, ist klar. Wenn wir nicht das Original kaufen, kriegen wir es trotzdem. Was wir beim Discounter gelernt haben, machen wir dann auch im Internet, bei Musik, mit Klamotten. Kopien und Produktpiraterie sind das, was am Ende des falschen Nussaufstrichs steht. Wer dieses Spiel nicht mitmachen kann, verliert – und das sind in der Regel kleine Anbieter, Handwerker, Wissensarbeiter. Übrig bleiben die Inszenierer, Hehler und ihre kurzsichtigen Abnehmer.

Die Kompaktkassettenkopierwelt

Kultur ist, was wir nicht bemerken, weil es uns normal vorkommt. Deshalb ist es so entscheidend, dass wir immer danach fragen, was wir selbstverständlich, normal finden.

1963 stellte der niederländische Philips-Konzern etwas vor, das ganz entscheidend die Kultur des Originals und der Kopie verändern sollte. Auf der Internationalen Funkausstellung in Berlin zeigten sie ein merkwürdiges Gerät, an dem ein Mikrofon hing und dessen Typenbezeichnung EL 3302 lautete. Es handelte sich um einen Kassettenrekorder. Der war leichter und kompakter als die schweren und teuren Tonbandgeräte, die es seit 1935 gab. Und das Medium, die Kassette, passte in jede Tasche – eine der Anforderungen des Philips-Projektleiters Lou Ottens – und erlaubte Aufzeichnungen von 60 bis 120 Minuten. Das war für damalige Verhältnisse sehr viel.

Die Frage war allerdings, was man mit dem Ding machen sollte. Dass man damit anfangs reihum seine Freunde und Familienmitglieder interviewte, bot nur einen überschaubaren Mehrwert. Sinnvoller war da schon der Einsatz als Aufzeichnungsmedium fürs Büro – Grundigs Stenorette, ein Vorläufer der kompakten Rekorder, war seit den 1950er-Jahren eine Standardanschaffung in deutschen Ämtern, Büros und Arztpraxen. Der Rekorder bot nun dieselbe Leistung mit dem Unterschied, dass die Kompaktkassetten leicht archiviert werden konnten und bald auch preiswert im Handel erhältlich waren. Aber um den Konflikt zwischen Original und Kopie zu entzünden, brauchte es noch etwas wie das Paradox von Markenware und Eigenmarke im Lebensmittelhandel einige Jahre später: die neue Popkultur.

Die Jugendkultur der 1960er-Jahre wird immer – und das durchaus zurecht – als einzigartig und originell beschrieben. Musik, Lifestyle, Mode, gesellschaftliches, politisches und persönliches Bewusstsein machten einen Riesensprung. Dennoch schlummert in dieser Heiligenverehrung der Beat- und Pop-Generation ein dunkles Geheimnis. Andy Warhol, der auf die Wahrung seines geistigen Eigentums sehr erpichte Universalkünstler und brillante Wissensunternehmer, hat den Slogan von der »Berühmtheit für 15 Minuten« geprägt. Jede, jeder kann ein Star werden oder durch die neuen Medien, Film, Video, Radio und die das ganze verbindende Populärkultur jedenfalls in die Nähe des Startums kommen.

Jede Mode ist ein Paradox. Menschen, die anders sein wollen, machen sich mit dem Zeitgeist gemein. In den »Sixties« konnte man das durch lange Haare und Musik, die das Establishment buchstäblich wegwehten. Heute sieht es so aus, als ob alle Welt auf die Beatles oder Rolling Stones gewartet hatte. Tatsächlich aber war der Widerstand in Rundfunkanstalten und Medien gehörig, und nicht nur dort. Der in der Tradition des politischen Folk in den USA bekannt gewordene Bob Dylan wurde auf dem Newport Folk Festival 1965 ausgebuht und als Verräter beschimpft, weil er und seine Band elektrisch verstärkte Instrumente benutzten.

Umgekehrt weigerte sich die BBC jahrelang, Beat oder Pop zu spielen – im Mutterland dieser Musikrichtungen ein aus heutiger Sicht eigentlich unfassbarer Vorgang. Erst am 30. September 1967 eröffnete die British Broadcasting Corporation ihren Radiosender BBC Radio 1, der dezidiert Beat und Pop spielte. Das war keine Einsicht, sondern eine Reaktion auf den ungeheuren Erfolg von Piratensendern, die von internationalen Gewässern vor der britischen Insel die Hits spielten, die die Jungen hören wollten. Diese Illegalisierung wurde 1967 noch durch ein Gesetz gegen die Piratensender manifestiert, aber da waren die Kunden schon anderes gewohnt. Wo immer es möglich war, wurde mit Kassettenrekordern mitgeschnitten, und einige Jahre später, als die meisten europäischen Sender ihre auf Jugend getrimmten Radiostationen errichtet hatten, war das längst übliche Praxis geworden. Wir nehmen uns, was wir wollen. Das wurde zur Einstellung einer Generation, die nichts außer Konsumkultur kennengelernt hat.

Shanzhai oder die Kunst der Fälschung

Ende der 1970er-Jahre kauften die Leute die ersten Home-Computer, die Vorläufer des PC, der bald zur wichtigsten Kopiermaschine werden sollte. Gleichzeitig brachte Sony seinen ersten Walkman auf den Markt. Innerhalb kürzester Zeit wurde das Gerät, auf dem Musik von Tonträgern der Industrie oder aus dem Radio kopiert werden konnte, zur Grundausstattung von Teenagern und jungen Erwachsenen. Das Original wurde millionenfach kopiert, und das Original wie auch Nachahmungen in millionenfacher Ausfertigung erreichten China und wurden dort vom Regime noch als subversiver Akt gesehen, als »stille Sabotage der kollektiven Ansprüche des chinesischen Staates«,[92] wie der *Spiegel* den

Co-Autor des Buchs *Doing Cultural Studies. The Story of Sony Walkman*, Paul du Gay, zitiert. Wenig später wurde die Volksrepublik China zum Herstellungsland des Originals wie auch seiner zahlreichen Nachahmungen.

Japan, das im späten 19. Jahrhundert massiv und nach westlichem Vorbild industrialisiert worden war, galt lange Jahre als Leitbild auch für chinesisches Handeln. Die »Barbaren aus dem Osten«, wie die Chinesen die Japaner nannten, waren gleichsam bewunderte Intrapreneure. Die japanischen Kamikaze-Piloten des Zweiten Weltkriegs riefen, bevor sie sich auf feindliche Schiffe und Bodenziele mit ihren Selbstmordfliegern stürzten, laut ihr »Banzai!« aus. Das bedeutet so viel wie »zehntausend Jahre Leben«, ein Wunsch, der für die nächsten zehntausend Jahre Freude, Glück und Wohlergehen sichern soll. Während der westliche Gegner vernichtet wurde, sicherte man sich und den seinen damit noch im allerletzten Augenblick den Triumph, sein Leben für die Zukunft zu geben.

Das chinesische Pendant zu Banzai klingt ähnlich, es lautet »Shanzhai«. Das heißt erst mal und unverdächtig nichts anderes als »Bergdorf«, ein Ort, der abseits der großen Zentren versteckt im Hinterland liegt. An westlichen Universitäten und in Fernsehanstalten verklärt man Shanzhai zur »Kunst der Kopie« oder gar zu einer Form des Freiheitskampfs gegen Markenterror und hochpreisige Luxusartikel. Dabei ist Shanzhai ganz banal, profan, nichts Erhabenes und erst recht nichts Gutes: Es ist die chinesische Diebstahlskultur. Shanzhai beschreibt die Megamilliarden-Fälscher-Industrie, die nicht nur abseits der großen Sonderwirtschaftszonen in entlegenen Bergdörfern stattfindet, sondern auch im Herzen der Erfolgsökonomie des Landes. Shanzhai ist Stehlen, und zwar systematisch.

Die Europäische Union hat Daten veröffentlicht, die das Ausmaß der besonders durch Shanzhai verursachten wirtschaftlichen Schäden der Produktpiraterie beschreibt. Die EU schätzt, dass global jedes Jahr mindestens 300 Milliarden Euro, in Deutschland 60 Milliarden Euro, an Schaden durch Fälschungen entsteht. Umgelegt auf den Besitzstand eines durchschnittlichen Westbürgers wären das pro Kopf wenigstens 140, wahrscheinlich aber nahezu 300 Dinge, die man zu Hause hat und die glatte Produktfälschungen sind. Auch wenn man solch einfachen Hochrechnungen immer mit Skepsis begegnen sollte, sind die Schäden enorm und kosten Hunderttausende Arbeitsplätze allein in Europa.

Die Organisation für wirtschaftliche Zusammenarbeit und Entwicklung (OECD) wiederum hat eines der zentralen Probleme auf den Punkt gebracht: Wo immer geistiges Eigentum gestohlen wird, bedeutet das einen Rückschritt für eine faire, selbstbestimmte Wissensökonomie. Das Stehlen geistigen Eigentums heißt, dass Innovationskraft und Neugierde und Wissensarbeit betrogen werden, Diebstahl hingegen belohnt. All das spielt jenen in die Hände, die nur von den Ideen anderer Leute leben. Und das sind nicht nur die Mafia und mafiaähnliche Strukturen, die in Fabriken Markenturnschuhe und Designerklamotten imitieren.

Die Europäische Beobachtungsstelle für Verletzungen von Rechten des geistigen Eigentums (EUIPO) schreibt: »Die Ergebnisse zeigen, dass sich die Einfuhren gefälschter und unerlaubt hergestellter Waren in die EU im Jahr 2019 auf 119 Mrd. EUR (134 Mrd. USD) beliefen, was bis zu 5,8 % der Einfuhren in die EU entspricht. [...] Zwar stammen gefälschte und unerlaubt hergestellte Waren aus Volkswirtschaften praktisch aller Kontinente, doch ist China nach wie vor das Hauptherkunftsland.«[93]

Nach Angaben der EUIPO stammen die mit Abstand meisten Fälschungen aus der Volksrepublik China und aus Hongkong, die 2019 fast 77 Prozent aller Nachahmungen verantworten, gefolgt von der Türkei, die allein von 2017 bis 2019 ihren Anteil an Produktfälschungen von rund 3 auf 15 Prozent des Weltfälschermarkts erhöhte.[94] Aufgenommen in die Statistik werden nur klare Fälle, bei denen ein Original, das rechtlich geschützt ist, von einer illegalen in den internationalen Handel geratenen Kopie ersetzt wird. Kultur der Kopie? Ein Zynismus, der auch bei Kunsthistorikern und Journalisten auf der weitverbreiteten ökonomischen Ahnungslosigkeit ihrer Kaste baut.

Wer gefälschte Waren kauft, weil sie billiger sind, wer im Elfenbeinturm der Universitäten in geschützten Bereichen das hohe Lied der Produktpiraterie singt und es mit Open Source verwechselt, also dem gemeinsamen Entwickeln von Software, lobt den Untergang der Kleinen, der Originalhersteller, der ohnehin im System benachteiligten konstruktiven Wirtschaft. Es ist eigentlich ganz einfach: Je kleiner die kreativen Wissensorganisationen sind, desto weniger Mittel und Möglichkeiten haben sie, Patentrechtsverletzungen im globalen Maßstab zu verfolgen. Dabei tun sich schon Konzerne schwer, denn in China wird tatsächlich alles gefälscht.

Der schwedische Kugellagerhersteller SKF leidet so stark unter Produktfälschungen, dass es nicht nur eine eigene Taskforce im Konzern gibt, sondern sogar eine Markenschutz-App, mit der Kunden überprüfen können, ob ihr vermeintliches SKF-Produkt tatsächlich aus der SKF-Produktion stammt.[95] Vom Aspekt der Fälschung abgesehen, ist das Problem ja auch, dass Kugellager sicherheitsrelevante Teile sind und etwa in Zugwaggons eingesetzt werden, in Bussen und anderen öffentlichen Verkehrsmitteln. Immer wieder tauchen in Autowerkstätten in Deutschland gefälschte Kugel- und Wälzlager auf, die zur Reparatur von Fahrzeugen benutzt werden [96] – mit höheren Gewinnspannen, denn verrechnet wird in der Regel das Originalprodukt.

Wie viele Menschenleben aufs Spiel gesetzt und welche bleibenden Schäden von den Plagiaten verursacht werden, weiß niemand so genau. Wo als Unfallursache von »schadhaften Teilen« die Rede ist, steckt immer häufiger Shaizen dahinter. Fälschen tötet.

Tödliche Kopien

Das ist, wo es um Kugellager geht, so, und es gilt noch mehr, wenn wir uns einem der größten Märkte der Welt zuwenden, dem der Medikamente und Heilmittel. Die Weltgesundheitsorganisation WHO hat im Jahr 2020 geschätzt, dass der Anteil illegaler Medikamente auf dem Weltmarkt bis zu 30 Prozent betragen könnte.[97] Gefälschte Medikamente zeichnen sich dadurch aus, dass sie entweder keinen Wirkstoff aufweisen, den falschen Wirkstoff haben, den richtigen Wirkstoff in der falschen Konzentration enthalten oder Verunreinigungen, die wiederum Nebenwirkungen auslösen.

Das trifft die Ärmsten der Armen, denn der weitaus größte Teil der Medikamentenfälschungen wird in Afrika, Asien und Lateinamerika verteilt. Zu den am häufigsten gefälschten Medikamenten gehören Mittel gegen Krebserkrankungen, Antibiotika, Schmerzmittel sowie HIV-, Diabetes- und Malari-Mittel. Das US-amerikanische National Institut of Health schätzt, dass in Südostasien mehr als ein Drittel aller Malaria-Medikamente aus Fälschungen wirkungslos ist, was wiederum erklären würde, weshalb diese letztlich tödlichen Erkrankungen seit Jahrzehnten nicht in den Griff zu bekommen sind. Auch die EU ist betroffen. 2020, dem ersten Jahr der Corona-Pandemie, ergab eine konzertierte Razzia von Europol, dass allein in Europa vier Millionen gefälschte Arzneimittelpackungen und rund 34 000 gefälschte und wirkungslose Corona-Schutzmasken in Verkehr gebracht worden waren.[98]

Der Onlinehandel spielt bei der Verbreitung der Medikamentenfälschungen eine entscheidende Rolle. Es wäre aber falsch, nun das Kind mit dem Bade auszuschütten und zu behaupten, dass ein Verbot des Onlinehandels mit Medikamenten das Problem der Fälschungen lösen würde. In den am stärksten betroffenen Ländern Afrikas, Asiens und Lateinamerikas fehlen ausreichend gute Kontrollinstanzen, vor allen Dingen aber fehlt es an Interesse und Empathie der Machthaber, die ihre Bevölkerung vor den lebensgefährlichen Fake-Pillen nicht schützen wollen. Der Wert des Menschen macht es aus. In nichtdemokratischen Gesellschaften ist dieser Wert gering.

Die Eliten – ganz gleich, welcher politischen Richtung sie angehören – organisieren sich wirksame Mittel und die beste medizinische Versorgung. Die Reisen von Spitzenvertretern der Regimes in die besten Schweizer Privatkliniken sind Legende. In ihren Ländern fehlt es an solider medizinischer Grundversorgung, an kontrollierten Pharmaproduktionen und Vertriebswegen. Es fehlt an Wissen und es fehlt am Willen.

Eine der effizientesten Methoden zur Kontrolle und Verifizierung echter Medikamente funktioniert ohne das World Wide Web überhaupt nicht: Es ist die Blockchain-Methode, die viele von der Kryptowährung Bitcoin kennen, und die ein höchst zuverlässiges Mittel gegen Fälschungen aller Art sein kann. Blockchains leben davon, dass jeder einzelne Knoten, jeder Teilnehmer, praktisch ein Echtheitszertifikat in Form eines Codes auf seinem Rechner hat. Es ist so gut wie ausgeschlossen, alle Systeme auf einmal auszutricksen. Nach deduktiver Methode – Popper würde lächeln – reicht ein Widerspruch in der Kette, um den Vorgang abzubrechen. In Vielheit vereint, kann man das nennen. Das sind Modelle für die echte Wissensökonomie: Alle machen mit, und auch die Technologie wird in den Dienst des kritischen Zweifels gestellt. Es ist der Code der Weisheit, der hier angewandt wird.

Was in diesem Kapitel klargemacht werden sollte: dass es nicht der sogenannte technische Fortschritt ist, der Fälschungen ermöglicht. Es sind nicht die Kassettenrekorder, MP3-Player, Streaming-Techniken und im Internet veröffentlichten Texte, die uns zu Fälschern, Plagiatoren machen und geistiges Eigentum anderer nicht respektieren lassen. Wir sind es.

Nachhaltiges Denken aber denkt eins weiter: Es fragt sich, womit das, was man tut, in Zusammenhang steht, was es auslöst, ermöglicht oder verhindert. Wer Musik klaut, mag sich einreden, dass es nur die »reichen Konzerne« trifft, tatsächlich aber sind die größten Verlierer die Künstler, die diese Musik geschaffen haben. Gleiches gilt für Raubkopien: Wer sie nutzt, gräbt sich selbst das Wasser ab. Nur sind wir Menschen an kurzfristigen Gewinnen mehr interessiert als an nachhaltigem Denken. Genau deshalb brauchen wir eine Kultur und ein Bildungssystem, das uns unermüdlich auf die Notwendigkeit des langfristigen Denkens, des kritischen Zweifelns hinweist. Selbst das wird nicht immer alles zum Guten wenden, aber es ist besser als jene kulturelle Wohlstandsattrappe, in der wir uns eingerichtet haben und von der wir glauben, dass nichts geschehen kann.

Man kann lange mit Illusionen leben. Aber denken wir nochmals an Philip K. Dick: Die Realität geht nicht weg, nur weil wir nicht an sie glauben. Und sie kommt über uns, wenn wir es am wenigsten erwarten.

5 Echte Werke, echte Menschen

Ihre Zeit ist begrenzt, verschwenden Sie sie nicht damit, das Leben eines anderen zu leben. Lassen Sie sich nicht von Dogmen gefangen nehmen – das würde bedeuten, mit dem zu leben, was andere Leute erdacht haben. Lassen Sie nicht zu, dass der Lärm, den die Meinungen anderer erzeugen, Ihre innere Stimme, die Stimme Ihres Herzens, Ihre Intuition überdröhnt.
(STEVE JOBS, »STANFORD SPEECH«, 2005)[99]

Wir

In diesem Kapitel wenden wir uns dem eigentlichen Grund zu, über das Echte und die Einzigartigkeit nachzudenken: uns selbst.

Zu Beginn dieses Buchs haben wir festgestellt, dass das wahre Echte nichts anderes sein kann als die Realität, und dass die wichtigste Waffe gegen Falsches und Nachgemachtes unser Realitätssinn ist, also die Fähigkeit, kritisch und dennoch konstruktiv zweifelnd diese Welt zu prüfen. Das ist nie der Weisheit letzter Schluss, ein andauerndes Bemühen und Versuchen. Aber die Chancen, dass wir das hinkriegen, stehen gut. Wir sollten uns dabei nur aller Werkzeuge bedienen, die uns zur Verfügung stehen, nicht bloß unserem Instinkt oder Bauchgefühl, sondern uns der Mühe unterziehen zu fragen, was dahintersteckt, bei Vertrautem und Gewohnten nicht weniger als bei Neuem. Wir sind heute dabei, unsere Angelegenheiten endlich zu regeln, nachdem wir sie so lange links liegen gelassen haben. Das war, ist und wird immer wieder nötig sein. Wir – das ist übrigens nicht jenes anonyme Wir der Massengesellschaft, hinter dem man sich so leicht verstecken kann, weil ohnehin genug andere die Arbeit tun. Es ist jede, jeder Einzelne von uns. Wir – das heißt immer: ich selbst. Fangen wir also an.

Willy Loman meets Hannah Arendt

Der US-amerikanische Autor und Zukunftsforscher Alvin Toffler veröffentlichte 1970 sein Buch *Der Zukunftsschock*. Schon zu dieser Zeit beschrieb er damit jenes Phänomen, das heute weite Teile der westlichen Gesellschaft fest im Griff hat: Wir verstehen die Werke, die wir geschaffen haben, nicht mehr. Wir stehen ohnmächtig vor ihnen.

Das gilt für die Technologien ebenso wie für die Organisation des Staats, des Rechts und aller Fachgebiete und noch so feinen Verästelungen des Lebens. Toffler schrieb dies der »Informationsflut« zu, der der Mensch bereits im späten 20. Jahrhundert ausgesetzt war.[100] Komplexität kann nicht mehr erschlossen, also genutzt, sondern muss permanent reduziert werden. Wir verstehen die Welt nicht mehr, und das heißt immer auch: Wir erkennen uns in ihr nicht wieder. Was heute fast zum Allgemeinwissen gehört, war zur Zeit Tofflers eine Provokation. Hatten wir uns nicht in der industriellen Revolution und ihren technischen Großtaten die Krone der Schöpfung selbst aufgesetzt?

Toffler gehörte zum Berater-Establishment seiner Zeit, und er sagte im Grunde nichts anderes als die Protestbewegung der Achtundsechziger: Ist das alles noch echt? Es waren nicht nur die langhaarigen, kulturell auf Gegensätze gebürsteten Hippies, die feststellten, dass es kein richtiges Leben im falschen geben konnte. Es waren die »eigenen Leute«, immer öfter.

Der Dramatiker Arthur Miller hatte 1949, mitten in der schönsten Nachkriegskonjunktur der USA, mit seinem Stück *Tod eines Handlungsreisenden* das Establishment aufgeschreckt. Willy Loman, ein Handelsvertreter, der alt und fix und fertig vor seine Familie tritt, aber immer noch so tut, als sei das, was er macht, absolut großartig. Wir alle kennen mindestens einen Willy Loman. In der alten industriellen Arbeitsgesellschaft geht die Selbstverleugnung bis zum Untergang, stehen die Illusionen selbst im Augenblick ihres Offenbarungseids noch über der Realität.

Ein knappes Jahrzehnt nach Millers Drama veröffentlichte Hannah Arendt ihr Buch *The Human Condition*, im Deutschen und später im Allgemeinen unter *Vita activa* bekannt. Es ist die bis dahin lauteste Frage nach dem Echten, und es benennt das falsche Leben, das der Kopie in der Industriegesellschaft, in der einzigartigen Klarheit, die der großen Denkerin eigen war. Echt sein, das bedeutet, erst einmal zu verstehen, was man als Mensch tun kann, was eigentlich menschliches Handeln, Tätigkeit, Entscheidungen und Leben ausmacht.

Die Vita activa, das tätige, echte Leben, besteht für Hannah Arendt aus drei wesentlichen Säulen. Erstens der Arbeit, bei der getan wird, was man tun muss, um zu überleben und sich überhaupt erst eine Grundlage für das weitere Handeln zu sichern. Diese Arbeit ist die sich wiederholende

Routinetätigkeit, was also immer wieder getan wird, getan werden muss. Das ist das von Karl Marx schon sogenannte »Reich der Notwendigkeiten«, das sich zu Arendts Zeiten in jenen Kreislauf aus Konsum und (Fremd-)Arbeit entwickelt hat, das Leitbild der späten Industriegesellschaft. Natürlich müssen wir Geld verdienen, um zu essen, eine Wohnung zu bezahlen, uns zu kleiden, die Kinder großzuziehen, durchzukommen. So ist das Leben, sagen wir, und tatsächlich ist das für die meisten bereits eine vollständige Inhaltsangabe. Für Träume ist keine Zeit, kein Platz, kein Geld und keine Kraft mehr da. Längst haben die meisten Menschen aufgegeben, das »System« durchschauen zu wollen. Sie ahnen es nur, und das schürt die politischen Ränder dort, wo die Populisten lauern, die aus der Ohnmacht und dem Unmut der Menschen ihr Kapital schlagen – stets zum Unglück derer, denen sie vorgeben zu helfen. Es genügt nur mehr für die eigenen Illusionen, die man in Mietwohnungen, Mallorca-Urlauben oder im kleinen Reihenhaus eingehegt hat und gegen alles Fremde verteidigt. Millers Willy Loman ist der bis heute gültige Prototyp des weit von jeder Selbstbestimmung lebenden Menschen, der im falschen Leben keine Zeit mehr findet, das Richtige zu tun.

Hannah Arendt stellt dem zweitens die selbstbestimmte, schöpferische Arbeit entgegen, das Herstellen. Hier sind wir bei der Fabrikation, die für Arendt eine höhere Stufe ist als die Arbeit selbst. Arbeit, das ist die Arbeit für andere, Routineaufgaben, die nicht selbstbestimmt und selbstständig erfolgen. Herstellen hingegen ist, ganz gleich ob mit den Händen oder mit dem Kopf, eine schaffende, kreative Tätigkeit, bei der alles über das existenziell Notwendige hinaus entsteht, Innovationen, Technologien, Kunst, Erzeugnisse des Handwerks und Kunsthandwerks. Die »Fabrication«, wie die Formulierung im englischen Original von Arendts *Human Condition* lautet, ist das zentrale Kriterium der echten Arbeit. Der wichtigste Unterschied zwischen falscher und echter Arbeit ist zweifelsohne die Frage, inwieweit die Person, die sie tut, dies als befriedigenden Teil ihres Lebens erfährt. Dabei ist es ganz gleichgültig, was man tut. Das Herstellen ist die Domäne des Handwerks, auf das wir noch zu sprechen kommen, ebenso wie das der Wissensarbeit, deren Aufgabe das Lösen von Problemen aller Art ist. Echtheit ist dabei die Authentizität des Tuns, eine befriedigende, zu den eigenen Talenten passende, anerkannte Form der Arbeit, die sich nicht nur denen, die sie erledigen, mitteilt, sondern darüber hinaus auch anderen, die dafür Respekt und Anerkennung zollen.

Erst auf dieser Grundlage findet das statt, was Hannah Arendt drittens als Handeln, als »Action« und damit als Erfüllung des »tätigen Lebens« sieht. Das echte Leben ist nicht nur eines, das man für sich lebt, befriedigt von einer Arbeit, die man nicht machen muss, sondern machen will – weil sie den Geist anregt und einfach Freude bereitet. Handeln, Action, ist sozusagen ein Akt des Zurückgebens an die Gesellschaft, die aktive Teilnahme an politischen Entscheidungen im Großen und Ganzen wie im lokalen Umfeld, das Leben mit anderen, die Kooperation und der Austausch. Wer ein echtes Leben führt, schafft es auch, eine echte Gemeinschaft zu bilden.

Was wir an diesem Konzept sehen, ist verblüffend einfach – und es zeigt, wie falsch die Doktrinen von Leistung und Normalität bis heute sind.

Die erste, die unterste Ebene ist Zwangsarbeit. Wer sie nicht tut, gilt nichts, hat nichts, kommt nicht voran. Dennoch wird sie politisch präferiert, weil sich damit die meisten Klienten erzeugen lassen. Die Abhängigkeit anderer Menschen ist eine der wichtigsten Ressourcen der Macht. Nur wer abhängig ist, tut auch, was er soll, also was man ihm oder ihr »anschafft«.

Selbstbestimmt arbeitende, herstellende Menschen aber schaffen sich Freiräume über das Existenzielle hinaus. Sie tun, was sie für richtig halten – sie machen die echte Arbeit. Die gibt es nur, wo das, was man tut, mit der Person, die es tut, verbunden ist. Unpersönliche Arbeit ist Routinearbeit, die von Maschinen getan werden soll.

Erst wo diese echte Arbeit, die zur Person und ihren Talenten passt, gemacht wird, geraten wir ins »Handeln«, wie Hannah Arendt es nennt. Wir werden echt im Sinne von entscheidungsfähig. Es ist interessant, wie sehr die beiden Begriffe Entscheidung und Unterscheidung zusammengehören. Nur wer differenziert, sich selbst und das, was er tut, kann richtig entscheiden. Umgekehrt setzt die Anerkennung des Unterschieds immer die Entscheidung voraus, »jemand« zu sein, Persönlichkeit zu haben. Das kann man im wahrsten Sinne des Wortes begreifen.

Design des Echten

Im Jahr 2008 veröffentlichte der US-amerikanische Soziologe Richard Sennett, ein Schüler Arendts, sein Buch *Handwerk*. Darin wird die Idee der echten und einzigartigen Arbeit herausragend klar beschrieben. Das ist schon merkwürdig genug, denn mit Beginn der industriellen Revolution wurde das Handwerk zusehends abgeschrieben. Was davon im 21. Jahrhundert übrigblieb, war vielfach eine Dienstleistung, bei der – meist mit großem Ärger für die

Kunden verbunden – industrielle Serienprodukte mit einem relativ geringen kreativen Einsatz in Wohnungen und Häusern verbastelt wurden. Dann wieder gab es Handwerk, das Originale, Unikate herstellte, etwa Schreiner, die die Wohnwand nach individuellen Vorstellungen des Auftraggebers anfertigten. Und immer wieder auch Kunsthandwerk, bei dem sogar alte, schon vergessen geglaubte Fähigkeiten und Fertigkeiten angewandt wurden, Kunstschmiede etwa oder aber Schreiner, die besonders schöne Truhen oder Dachgiebel fertigten.

Sennett will aber auf etwas anderes raus: ein Ende der Polarisierung zwischen Kopf- und Handarbeit. Echte Arbeit, das ist – nicht nur hierzulande, sondern auch anderswo auf der Welt –, körperliche, manuelle Arbeit, »ehrliche Arbeit«. Dementsprechend ist die, die man am Schreibtisch mit dem Kopf tut, die Arbeit der Moderne, unehrlich? Jedenfalls werden diese Gegensätze beschworen. Fakt ist, und daran erinnert Sennett, dass die Welt der Handarbeit von der Welt der Kopfarbeit nicht zu trennen ist. Echtheit ist Einzigartigkeit, die wiederum aus Know-how, also erlernten Fähigkeiten, Routinen, besteht sowie dem Verstand und Talent, diese Routinen zu neuen, schöpferischen, innovativen Dingen und Sachverhalten zu führen. Es ist das hohe Lied auf die Könner, die, wie Holger Noltze in seiner Rezension zu Sennetts Buch so schön schreibt, »eine Sache um ihrer selbst willen gut machen«.[101] Arendts »Fabrication« ist das, ohne Zweifel. Noltze schreibt: »Ausdrücke wie ›handwerkliche Fähigkeiten‹ oder ›handwerkliche Orientierung‹ lassen vielleicht an eine Lebensweise denken, die mit der Entstehung der Industriegesellschaft verschwunden ist. Doch das wäre falsch. Sie verweisen auf ein dauerhaftes menschliches Grundbestreben: den Wunsch, eine Arbeit um ihrer selbst willen gut zu machen. Und sie beschränken sich keineswegs auf den Bereich qualifizierter manueller Tätigkeiten. Fertigkeiten und Orientierungen dieser Art finden sich auch bei Programmierern, Ärzten und Künstlern. Selbst als Eltern und Staatsbürger können wir uns verbessern, wenn wir diese Tätigkeit mit handwerklichem Geschick ausüben.« Es geht um eine Bemühung.

Wir gehen mit diesem Wort sehr sorglos um. Bemühen klingt altmodisch und überholt, ein Echo einer Zeit, in der Mühsal herrschte für die meisten, die Automaten nicht weit genug waren, um unser Leben zu erleichtern, und die Masse unter schlechten Bedingungen lebte. Sie mussten sich mühen. Nur meint Bemühen aber etwas anderes: Es ist der Eigenantrieb, sich anzustrengen, sich einer Sache hinzugeben, seine Talente zu schärfen und sie nicht einfach im Durchschnitt verkümmern zu lassen.

Bemühungen werden wieder extrem wichtig. Es wird nicht um körperliche Mühen gehen, sondern um Eigenmotivation, um eine neue Selbstverwirklichung. Wir denken auch dieses Wort meist falsch. Selbstverwirklichung ist schlicht der Realitätssinn fürs eigene Leben, inklusive der Fähigkeiten, die man zum Nutzen anderer am besten einsetzen kann. Es ist nicht Selbstoptimierung, bei der wir uns an fremde, unechte Bedürfnisse anpassen, keine Mühe, keine Aufopferung, keine Unterwerfung, sondern Entwicklung der Person. Das ist ein echtes Handwerk. Einzigartigkeit entsteht so, wirkliche Authentizität und Kenntlichkeit.

In Zeiten von Digitalisierung und künstlicher Intelligenz müssen wir uns aber, um diese Grundkonstante echter menschlicher Arbeit zu erkennen, fragen, wo diese Arbeit aufhört und wo sie anfängt. Und diese Frage führt wie von selbst auf die, was der Mensch eigentlich in einem Zeitalter ist, in dem seine technischen Möglichkeiten zuweilen stark über sein kulturelles Vorstellungsvermögen hinausgehen.

Die große Bemühung liegt heute darin, die Werkzeuge der Entwicklung zu verstehen und zu nutzen. Menschen, die früher nicht mit dem Establishment konnten, wurden zu »Aussteigern«. Wir brauchen heute Einsteiger, selbstbewusste Leute, die sich der Technik nicht unterwerfen, sondern sie nutzen und gestalten, um sich selbst und andere weiterzuentwickeln.

Das ist nicht banal. Zu allen Zeiten ahnten oder wussten Menschen, dass sie mit ihren Werkzeugen und Ideen etwas so Neues, noch Fremdes geschaffen hatten, das gar nicht zum Menschenbild der eigenen Welt passen wollte. Die Dombaumeister, die großen Kunsthandwerker des Spätmittelalters, gehörten sicher dazu. Wie mussten sie wohl gestaunt haben, zu welchen Dimensionen sich ihr Können entwickelte? Und wie oft hörten sie – und andere, die etwas Neues versuchten – den Vorwurf, dass sie mit ihren Werken die Schöpfung selbst herausforderten?

Damit unterscheiden wir uns nicht von unseren Vorfahren. Wir werden herausfinden müssen, ob unsere Vorstellung von Echtheit und Einzigartigkeit noch zu dem passt, was wir zu tun imstande sind. Und ob die Realität, so wie wir sie sehen, wirklich echt ist. Das klingt merkwürdig? Gehen wir mal ins Kino oder zu einem Streamingdienst. Das sorgt für Klarheit.

Die Matrix

Am Ende des zweiten Millenniums und am Ausgang eines an Ereignissen und Entwicklungen überreichen 20. Jahrhunderts kam Mitte 1999 ein Film in die Kinos, der zu den erfolgreichsten seiner Art, der Science-Fiction, gehört: *Matrix*. Die Geschwister Lana und Lilly Wachowski erzählen darin die Geschichte des biederen Programmierers Thomas A. Anderson alias Neo. Doch der Mann führt ein Doppelleben: Er arbeitet auch als Hacker, der Informationen im Netz klaut.

Bei alldem macht er immer seltsamere Erfahrungen, die darin gipfeln, dass ihm ein merkwürdiger Mensch namens Morpheus mitteilt, dass er, Anderson, und alles, was er in dieser Welt für echt hält, nichts weiter ist als eine Simulation. Das ist die Folge eines Kampfs, der zu Beginn des 21. Jahrhunderts zwischen Menschen und der von ihnen geschaffenen künstlichen Intelligenz stattfand, und den die KI für sich entschied. Seither leben die Menschen in der *Matrix*, der Simulation, und ihr Werkzeug herrscht über sie.

Die Realität, das echte Echte, das gibt es weiterhin, bewohnt von wenigen echten Menschen, die Widerstand leisten. Aus der Matrix gibt es nur ein Entrinnen: Denken, konsequentes Denken, echte Bemühung! Wer an der Matrix zweifelt und seinen Verstand nutzt, bricht die Ketten. Es liegt also, das ist die kluge Lehre der Wachowskis, an uns, ob wir uns in der Matrix als hilflose Objekte der Dinge und Sachverhalte wiederfinden, die wir geschaffen haben, oder ob wir echt werden – uns für die Realität entscheiden. Die Matrix sind wir selbst.

Logos vs. Mythos

Im antiken Griechenland gab es den Begriff des »Logos«, was zunächst nicht mehr bedeutete als »das Wort«, gesprochen oder geschrieben, und das sich aber sehr bald zu einem Synonym für das Vernünftige und Geistige entwickelte, für alles, was auf der Grundlage des Diskurses, des kritischen Zweifels, der Kritikfähigkeit an sich, der Neugierde und des Experimentes das Reale bildete – das Handfeste, das Echte, das sich nicht davor fürchten muss, von allen Seiten »wie ein schlechter Pfennig« geprüft zu werden. So wurde der Logos im Lauf der Zeit nicht nur ein Symbol für die Vernunft und das Rationale, sondern eben auch für deren Grundlage, die Realität, das Echte.

Nun hat der Logos einen Zwillingsbruder, den Mythos. Der Mythos ist eine Scheinwelt, die allerdings so tut, als ob sie die wahre Welt wäre. Seine Anhänger findet der Mythos unter jenen, die nicht konsequent denken und selbstständig handeln, wie es Neo in *Matrix* tut. Der Kampf um das Echte ist damit immer auch und ganz wesentlich ein Kampf gegen unseren inneren Schlendrian, nichts wissen zu wollen, sondern sich lieber der praktischen und bequemen Illusion, dem Mythos, hinzugeben. Der Logos fordert Mitarbeit, der Mythos hingegen verspricht einfache Lösungen.

Doch das Echte muss man erkennen und verstehen. »Der größte Feind der Wahrheit ist sehr häufig nicht die Lüge – wohl bedacht, erfunden und unehrlich – sondern der Mythos, hartnäckig, überzeugend und unrealistisch. Der Glaube an Mythen erlaubt uns eine komfortable Meinung anstelle der Unannehmlichkeiten des Denkens.«[102] Dieses Zitat stammt von Johnf. Kennedy, dem charismatischen Präsidenten der USA, der in seiner kurzen Amtszeit die Kultur seines Landes grundlegend veränderte.

Lügen sind durchschaubar, wenn wir hinterfragen und den Kontext von Behauptungen herstellen. Mythen hingegen bedienen sich in unserer Kultur und den darin angelegten Vorurteilen. Sie bringen uns dazu, in die falsche Richtung zu sehen und zu laufen. Aber würde man sie vor Gericht stellen, kämen sie glatt durch, denn die eigentliche Drecksarbeit erledigen wir selbst: Wir sind es, die uns undank des Mythos in die eigene Tasche lügen.

Der Mythos der Maschine ist, dass sie uns immer überlegen ist. Doch das ist Unsinn. Da Menschen Maschinen geschaffen haben, und alles, was wie eine Maschine funktioniert, also auch Algorithmen, sind wir die Meister und die Dinge unser Werkzeug. Lassen wir uns bedienen – oder sind wir bedient?

Roboter und die Angst vor der Kopie

Sind wir Menschen angesichts der Entwicklung digitaler Technologien, Netzwerke und künstlicher Intelligenz, der Produktion durch Roboter und der zunehmenden Automatisierung aller Lebensbereiche eigentlich ein Auslaufmodell? Sind wir, das Original, das all diese wunderbaren und öfter noch für die meisten rätselhaften Technologien geschaffen hat, nicht bald schon nicht mehr die klar erkennbare Krone der Schöpfung, sondern nur ein Mängelexemplar der Evolution, das durch die weitaus bessere, sich selbst ständig nach vorn entwickelnde digitale Kopie überflüssig wird?

Der Mensch erkennt sich in seinen Werken wieder, mal klar, mal vernebelt. Was immer Menschen geschaffen haben, ist kein Selbstläufer, sondern Ausdruck dessen, was wir wollen und können, im Guten wie im Schlechten. Es ist wie in diesem banalen Gleichnis vom Messer: Das kann man zum Brotschneiden verwenden oder für einen Mord, es bleibt immer ein Messer. Das, was wir damit wollen, bestimmt seinen Charakter – als nützliches Werkzeug oder als Tatwaffe.

Ein Roboter erledigt Dinge, die wir Menschen nicht machen wollen. Er ist ein Werkzeug, der Müll sortiert, Blech schweißt oder Bomben entschärft. Niemand ist scharf auf die Arbeit, die ein Roboter macht. Das gilt ja für alle Maschinen und Werkzeuge, die die Menschheit je entwickelt hat, auch für Algorithmen – die tun Dinge, die uns zu schwer oder zu monoton sind – das ist eigentlich alles. Aber sind die Roboter ein Teil von uns?

Als der tschechische Autor Karel Čapek im Jahr 1920 sein Schauspiel *R. U. R – Rossumovi Univerzální Roboti (Rossums Universal Robots)* veröffentlichte, war die Welt bereits zu jener Kopieranstalt geworden, die die Massengesellschaft zwangsläufig hervorbringt. So läuft die Geschichte des fantastischen Erzählers Čapek auch: Die Roboter, dem slawischen Wort »robota« für »(schwerste) Arbeit« entlehnt, werden von einem nüchternen Kapitalisten namens Rossum in Massen hergestellt. Sie verrichten all die »wiederholenden, gefährlichen und aufwendigen Aufgaben [...] effizient und präzise«,[103] die bisher von den menschlichen Routinearbeiten, den Robotern aus Fleisch und Blut auf den Gutshöfen, Pyramidenbauplätzen und Fabrikhallen, getan wurden. Irgendwann aber proben die Roboter den Aufstand, und die Menschen, die sich nur mehr bedienen lassen, werden von ihnen vernichtet.

Was Čapek als Zukunftsszenario verkauft, ist in Wahrheit ein alter Hut. Seit jeher gilt der Homo faber, der technische Mensch, der Werkzeuge nutzt, um seine Lage zu verbessern, als gotteslästerlich. Menschen haben eine tiefe, kulturell gelernte Angst vor dem, was sie zu tun imstande sind. Wenn

Menschen Angst haben, greifen sie auf Dogmen zurück. Eines der großen Dogmen, die erzählt werden, ist: Wir werden für unseren Frevel, nicht einfach brav unsere Arbeit gemacht und die Klappe gehalten zu haben, bestraft. Damit sind jeder Fortschritt, alles Abweichen, jede Persönlichkeit, Originalität, Einzigartigkeit, Innovation, Emanzipation und Selbstbestimmung ein Verstoß gegen die natürliche Ordnung. Wer genau hinschaut, merkt: So ist unsere Gesellschaft drauf, die Firmen, die Parteien, und zwar im Alltag, abseits der Sonntagsreden von Fortschritt und Entwicklung.

Die Dystopien, die auf Netflix und Co. laufen, sind im Grunde Wiederholungen der alten Angst, die darauf baut, dass wir nicht gelernt haben, mit Komplexität erschließend umzugehen – das heißt, unsere kulturellen Gewohnheiten auf das umzustellen, was wir technisch zu leisten imstande sind.

Čapek bediente sich in *R. U. R.* offensichtlich an der alten Prager Legende vom Golem, jenem Lehmwesen, das vom Rabbi Löw zum Leben erweckt wird, durch einen Spruch – einen Code, würden wir heute sagen. Auch der Golem sucht wie seine Schöpfer nach Selbstbestimmung und Individualität, ein anderes Wort für eben jene Einzigartigkeit und Originalität, um die es in diesem Buch geht. Persönlichkeit heißt immer, darüber entscheiden zu können, was man tut. Was uns ChatGPT, Karel Čapek, die Legende vom Golem und viele andere Geschichten erzählen, ist, dass Arbeit keine selbstbestimmte Arbeit ist, dass wir sie tun, weil sie uns andere anschaffen und uns den Teil der Arbeit abgeben, den sie selbst nicht erledigen wollen.

Die Kopieranstalt des Industrialismus hat die Welt geteilt in eine Fraktion der Schöngeistigen und der Technokraten, die einander die Vorherrschaft über die Welt nicht gönnen. Das Hauptargument der Schöngeistigen dabei ist der nur selten ausgesprochene, aber stets mitgedachte Vorwurf, dass menschliche Originalität, der ganze Homo faber, der technische Mensch, der Werkzeuge und Methoden entwickelt, um die Welt aus seiner Sicht zu verbessern, Gott versucht und dafür die Welt und die Menschheit letztlich bestraft werden. Golem, Frankenstein, R. U. R. und die zahllosen Dystopien, die im Westen seit vielen Jahren so großartigen Absatz finden, sprechen eine deutliche Sprache. Die Sorge, dass die Technik uns überholt und letztlich zur Seite legt, ist in Zeiten des Hypes rund um die künstliche Intelligenz, die KI, so groß wie lange nicht, aber die Wurzeln dafür sind seit Ewigkeiten gelegt.

Der englische Physiker und Autor Arthur C. Clarke hat festgestellt: »Jede hinreichend fortschrittliche Technologie ist von Magie nicht zu unterscheiden.«[104] Den meisten Menschen geht es sicher so mit Computern, künstlicher Intelligenz, informatischen Netzwerken und anderen technischen Bereichen. Fortschrittliche Technologien sind all jene Erscheinungen, die uns heute entgegentreten und deren Hintergründe wir uns so wenig erklären können wie unsere Vorfahren die in den Religionen beschriebenen Wunder und Zeichen. Welche Zaubertricks wandten die Götter an, um die Menschen zu beeindrucken?

Hinter jedem Wunder steckt nicht erschlossene Komplexität, hinter jedem Aberglauben auch. Und Wunder wie Aberglauben sind schlechte Wegbegleiter für eine Gesellschaft, die ihre Dogmen ablegt und an ihrer Statt selbstbewusst an neuen Lösungen arbeitet.

Homo faber

Der Homo faber, der schaffende Mensch, ist der, der Originalität und Einzigartigkeit schafft. Der Homo faber ist nicht einfach jenes »arbeitende Tier«, wie es Hannah Arendt in ihrer *Vita activa* gesagt hat, das geschäftig, fleißig Routinen erledigt, das wie ein Roboter durch die Welt geht und das so kennzeichnend ist für die Vorstellung von Arbeit und Existenz, weil es den selbstbestimmten, nach originellen Lösungen und Verbesserungen suchenden einzigartigen Homo faber eben so selten gibt.

Das lateinische »faber« steht für alles, was diese Originalität ausmacht: Handwerker, Künstler, Verfertiger, Werkmeister.[105] Richard Sennett hat den Nagel auf den Kopf getroffen: Es gibt keinen Grund, Kopfarbeit und Handarbeit zu trennen. Beides setzt bewussten Verstand voraus. Erst in der Industrialisierung wurde beides entkoppelt. Alle Handarbeiter und Kopfarbeiter sind kreativ, wenn sie Probleme lösen, und sie verrichten stumpfsinnige Arbeit, wenn sie die immer gleichen Dinge tun und diese nicht hinterfragen. Der Homo faber ist schlicht und ergreifend die Normalität der menschlichen Kulturgeschichte. Die Kopiergesellschaft der Routinearbeit bleibt eine Episode.

Was die Transformation heute braucht, ist weniger die Vorstellung, dass wir in eine völlig neue Welt gehen, sondern im Grunde die geistige Ausnahmesituation der vergangenen zweihundert Jahre überwinden, und zwar nicht dadurch, dass wir den alten Aberglauben, die alten Dogmen wieder annehmen, sondern einen dritten Weg gehen. Dabei helfen uns die Technologien, und der Satz von Steve Jobs am Beginn des Kapitels: »Lassen Sie sich nicht von Dogmen gefangen nehmen – das würde bedeuten, mit dem zu leben, was andere Leute erdacht haben.«

Dieser Satz – Jobs Leben zeigt das – bedeutet keineswegs ein Abkoppeln von allem, was vorhanden ist, sondern ein Erkennen, Einschätzen und Neuaufstellen dessen, was man da beobachtet. Das Original, das Echte ist wie die Innovation der Versuch, die Welt zu verbessern *und* zu ordnen, indem wir sie neu interpretieren. Das bedeutet immer auch: indem wir unsere Rolle, unsere Sicht auf uns, die Menschheit im Ganzen wie auch auf uns als Personen, neu definieren.

Konkrete Utopie

Hier sind wir bei der konkreten Utopie, wie der Philosoph Ernst Bloch diesen Vorgang genannt hat. Steve Jobs und viele seiner Generation fordern zur Nutzung von Technik und Informatik auf, um die eigenen Freiräume zu vergrößern. Jobs war der festen Überzeugung, dass der Computer – stellvertretend für andere Werkzeuge, die wir und unsere Vorfahren nutzten und nutzen – immer nur dem Ziel der Selbstbestimmung und der Schaffung von Neuem, Kreativen dienen sollte, also unserer Identität, dem menschlich Echten und Einzigartigen, dienen sollte.

Das entspricht dem Prinzip Hoffnung, von dem der Philosoph Ernst Bloch in seinem gleichnamigen Buch berichtete, und das am klarsten in dem Kapitel zum Ausdruck kommt, in dem Bloch über Sozialutopien schreibt.[106] Diese Hoffnungen auf eine bessere Welt versteht er als »konkrete Utopien«, also lebenspraktische, den Menschen – und nicht den Ideologien – gefällige Veränderungen. Übersetzt in die Welt, in der wir leben, heißt das auch: Wir digitalisieren nicht, um zu digitalisieren, sondern unser Leben zu verbessern. Diese Verbesserung bedarf aber der ernsten, angestrengten Arbeit.

Das ist der dritte Weg. Wir werden alles automatisieren, was automatisierbar ist. Die Roboter, auch die der sogenannten schwachen künstlichen Intelligenz, die spezielle Routinearbeiten erledigen, die zuvor Menschen getan haben – was bei allem Theater, das rund um die KI gemacht wird, der Stand der Dinge ist –, ermöglichen uns damit, unsere Lebenszeit nicht mehr mit dem zu verplempern, was wir tun sollen oder müssen, sondern wollen. Die Vita activa, die Hannah Arendt entwarf, ist einerseits ein Schlaraffenland, zumindest auf den ersten Blick: nie wieder stupide Arbeit, keine Routinekommandos durch den Chef, kein Stress durch die monotone Taktung des Systems, sondern die Möglichkeit, die Arbeit weitgehend selbst zu gestalten und ihr Sinn zu geben – und sie damit einzigartig und originell zu machen.

Das tun wir nicht allein deshalb, weil es uns als Mensch entspricht, sondern weil wir damit auf eben jene neuen Lösungen kommen, die wir so dringend brauchen. Zuversicht ist eine harte Währung. Am Rande einer Tagung zur Transformation sagte der baden-württembergische Ministerpräsident Winfried Kretschmann: »Ich habe keine Angst davor, dass uns, wie unseren Vorfahren, die Lösungen für unsere Probleme noch einfallen und dass wir großartige Dinge tun werden. Ich habe nur Angst davor, dass wir so viel Angst haben, dass das unterbleibt.«[107]

Die Kultur der Originalität braucht vor allem eines: selbstbewusste Menschen, die echt arbeiten. Die den Unterschied machen zwischen Original, also sich selbst, und der Kopie, also ihrem Werkzeug. Das muss diese Kultur betonen, wo immer das nur möglich ist. Wir sind einzigartig, unser Werkzeug ist es nicht. Deshalb stellt sich gar nicht die Frage, ob uns unser Werkzeug ersetzt werden muss, sondern wo es uns behilflich sein kann. Wo bringt es uns näher zu unseren Zielen, zur Befriedigung unserer Bedürfnisse, zur Lösung unserer Probleme?

Ein Hammer, eine Zange, ein Bohrer, ein Roboter, eine Dampfmaschine, ein Algorithmus sind nichts anderes als die Erweiterung unserer Möglichkeiten, eine Prothese. Wir Werkzeugmacher erweitern damit unaufhörlich unsere Möglichkeiten. Das Wort »prósthesis« bedeutet im Griechischen »Zusatz, Vermehrung«, es ist eine Addition zu dem, was wir sind. Ist das etwas anderes als wir selbst? Die Antwort, wenn wir heute zwischen dem Original, dem Menschen, und seine Schöpfungen, der Technik, unterscheiden wollen: Kommt darauf an.

Prothesen

Menschen, die durch Verletzungen oder Krankheiten ein Körperteil verlieren, können dank fortgeschrittener Technik heute gute Prothesen erhalten. Den »armen Krüppeln«, wie sie jahrhundertelang genannt wurden, gehörte und gehört unser Mitleid, unser Mitgefühl. Doch in gewisser Hinsicht steckt auch in dieser Diskussion der Golem drin. Im Jahr 2012 erstritt sich der südafrikanische Leichtathlet Oscar Pistorius das Recht, an den Olympischen Spielen in London teilzunehmen, und zwar als Läufer und bei den »regulären Wettkämpfen«, nicht bei den für behinderte Sportler eingerichteten Paralympics. Das Olympia-Establishment wehrte sich dagegen, so gut es ging – das konnte doch gar nicht sein. Wie sollte ein beidseitig amputierter Läufer auch nur annähernd mithalten können? Doch Pistorius' Ergebnisse drehten die Diskussion schnell um.

Acht Jahre nach seiner Zulassung, die auf medialen Druck erfolgte und die Leistungsfähigkeit des Athleten sowie seiner Prothesen, seiner Werkzeuge also, deutlich unter Beweis stellten, wurde dem Sprinter Blake Leeper bei den Olympischen Spielen in Tokio 2021 die Teilnahme verwehrt. Die Begründung: Er könne nicht nachweisen, dass ihm seine Prothesen keinen Vorteil verschafften. Nun war, auch vonseiten der Sportler ohne körperliche Beeinträchtigung, von Mitleid gegenüber den »armen Krüppeln« keine Rede mehr. Immerhin hatten die Normalos durch harte Lobbyarbeit durchgesetzt, dass seit 2015 die World Athletics den Zusatz tragen, dass Sportler, die mit Prothesen laufen, nachweisen müssen, dass sie selbst, also der biologische Teil des Menschen, die Leistung vollbracht hat und ihnen die Prothesen keinen »unlauteren Vorteil« verschafft hatten.

Das ist nicht nur angesichts der Leistungen der behinderten Sportler absurd. Es zeigt, wie wir ticken. Die Geister, die wir riefen, passen uns nicht ins Konzept. Und wer nun glaubt, dass diese Entscheidung eine ist, die die Einzigartigkeit des echten Menschen betont, hat nichts von dieser Einzigartigkeit verstanden.

Wir haben nichts, gar nichts mit unseren Vorfahren zu tun, die ohne Werkzeug und Technik lebten. Der Homo faber ist der wahre Mensch. Im Originalzustand sind wir peinliche Affen, und auch wenn das auf einige Zeitgenossen immer noch zutrifft, haben andere doch gelernt, sich und ihr Tun zu reflektieren. Wir sind zu dem geworden, was wir aus uns gemacht haben. Das ist echt einzigartig. Aber das Echte ist nicht das Ursprüngliche.

Das gilt auch für die Nahrung. Wer Biolebensmittel mit »so, wie das früher war« verwechselt, ist auf dem Holzweg. Früher tötete Mutterkorn im Weizen unzählige Menschen, war Milch schnell ungenießbar und das Allermeiste, das wir zu uns nahmen, ziemlich gefährlich. Erschlossene, durchaus auch technische Lebensmittel sind weitaus gesünder und haben wesentlich zu einer höheren Lebenserwartung beigetragen.

Dass sich der Zeitgeist heute dem Veganen zuwendet, ist natürlich ebenso wenig ein »Zurück zur Natur« wie der ganze Rest. Es gibt erstens kein Zurück, und gäbe es dieses Zurück, wäre es relativ zügig sehr unpopulär. Zweitens: Die dem Tierwohl geschuldeten veganen Lebensmittel sind Hightech-Produkte aus den Forschungslabors, wo man vegane Hamburger, Schnitzel, vegane »Leberwurst« und andere Sachen eben erst mal entwickeln muss. Tatsächlich sind die Veganer damit Leute, die die »Astronautennahrung« von heute zu sich nehmen, eine Zuschreibung, die gar nicht so wenige unter ihnen wahrscheinlich entrüstet zurückweisen würden.

Es ist ein wenig wie das Laufen mit Prothesen: Der vermeintliche Segen der Naturbelassenheit, der Unversehrtheit, eine Form irrationaler Romantik, bestimmt das Ansehen einer Sache, hinter der tatsächlich wenig Natur, aber viel Homo faber steckt. Wir können etwas, was der natürliche Zustand nicht hergibt. Das Echte ist also keineswegs das, was mal war, sondern schlicht die Realität, wie sie schon ist. Wir haben Fortschritte gemacht und werden weitere machen. Die Frage, ob die Einzigartigkeit darunter leidet oder gar verschwindet, ist keine Frage der technischen Pfade, sondern unserer bewussten Entscheidungen.

Echtheit ist nicht Weglassen, sondern Ermöglichen, und

dieses Ermöglichen braucht einen Realitätssinn, der etwas schaffen will, etwas bewirken, etwas können, was noch niemand kann. Eine echte Welt.

Künstliche Intelligenz

Von hier aus ist es nur mehr ein Katzensprung zu der Frage, ob man Schülern, Studenten und sonst wem die Benutzung von ChatGPT und anderen künstlichen intelligenten Systemen erlauben soll.

Die Antwort ist klar: Was denn sonst? Und das nicht nur deshalb, weil ein Verbot der KI nichts brächte, weil es im Internet gar keine Möglichkeit gibt, das zu verbieten. Die Illegalisierung wäre auch dumm. Denn tatsächlich geht es, im Sinne des Echten und der Originalität, ja nicht darum, so zu tun, als ob Fälschungen, Plagiate, Kopien nicht existieren würden. Sie sind in dieser Welt, sie müssen nur als solche kenntlich bleiben. Die künstliche Intelligenz ist also keine Magie, kein Zauber, sondern das Produkt menschlichen Trainings.

Fragen wir mal ChatGPT, was es ist:

AI steht für künstliche Intelligenz (Artificial Intelligence) und bezieht sich auf die Fähigkeit von Maschinen oder Computerprogrammen, Aufgaben auszuführen, die normalerweise menschliche Intelligenz erfordern würden. Diese Aufgaben umfassen das Lernen, das Schlussfolgern, das Problemlösen, das Verstehen natürlicher Sprache und die Wahrnehmung von Umgebungen. KI-Systeme verwenden Algorithmen und Daten, um Muster zu erkennen, In-

formationen zu verarbeiten und Entscheidungen zu treffen.

Es gibt verschiedene Arten von künstlicher Intelligenz, darunter: Schwache KI (Weak AI) oder Schmale KI (Narrow AI): Diese Art von KI ist darauf spezialisiert, eine bestimmte Aufgabe oder ein bestimmtes Problem zu lösen. Beispiele hierfür sind Spracherkennungssysteme wie Siri von Apple oder maschinelles Übersetzen.

Starke KI (Strong AI) oder Allgemeine KI (Artificial General Intelligence – AGI): Diese Form von KI wäre in der Lage, eine breite Palette von Aufgaben zu bewältigen und menschenähnliche kognitive Fähigkeiten zu besitzen, wie beispielsweise das Lernen verschiedener Aufgaben ohne spezifisches Training. Die Entwicklung einer starken KI ist jedoch noch nicht erreicht worden und bleibt ein Ziel der Forschung.[108]

Es gibt also das, wovor sich so viele fürchten, die starke künstliche Intelligenz, (noch) gar nicht. Sie ist ein Popanz, ein fauler Zauber, die Magie, von der vorher die Rede war.

Wer ChatGPT verbieten will, kann gleich auch Computer, Zangen, Hämmer, Stromgeneratoren und Bücher, vor allen Dingen Bücher, verbieten, denn in denen steht ja von jeher das ganze gefährliche Zeug, von dem wir nichts verstehen. Was aber bei all der Panikmache unterbleibt, ist eine solide Diskussion, was zu tun ist: Wie schützen wir die, die echte Ideen haben, also die Inhaber der natürlichen Intelligenz?

Die Echtheitsgesellschaft ist eine Qualitätsgesellschaft.

Deshalb ist die Diskussion darüber, ob wir ChatGPT einsetzen dürfen oder nicht, heuchlerisch. Viel wichtiger wäre, dass klar ist, woher all die Weisheiten kommen, die künstliche Intelligenz uns serviert. Woher stammen die Zitate, die Einsichten, die Inhalte? Wo haben sie die menschlichen Trainer und Hüter des Systems her? Ist ihnen das selbst eingefallen, oder ist das ein Plagiat? Darum streiten, zu Recht, nun immer mehr Urheber. Und das ist, was fehlt.

Wer sich vor Technik oder Wirtschaft fürchtet, hat meist versäumt, sich Grundlagenwissen anzueignen. Abwehr ist für viele bequeme Wohlstandsbürger halt leichter als erschließende Neugierde. Aber sie hat uns, auch gesellschaftlich, in eine Lage gebracht, in der große Mehrheiten einem neuen Aberglauben huldigen. Die Grundlage dieses Aberglaubens ist eben jene Respektlosigkeit vor jeder Form von Wissen und Wissenserschließung, die abseits aller Sonntagsreden und Bildungsversprechen der Politiker längst schon im Rang einer Realverfassung steht. Wer sich geistig anstrengt, ist schön dumm – es geht ja auch anders. Und was wir nicht verstehen, können wir immer noch verbieten. Deshalb sind wir in eine so missliche Lage geraten, ist das Land vom Schrittmacher des Fortschritts zum Herzschrittmacher der Trägheitsgesellschaft geworden.

Wir brauchen nicht weniger Zugänge zu Wissen, sondern deutlich mehr Respekt und Anerkennung für geistige Arbeit, und zwar durchaus als »Affirmative Action« der Wissensgesellschaft. Es ist überhaupt nicht einzusehen, dass Leute, die sich geistig selbst nicht anstrengen, mehr von den Früchten der Wissensarbeit profitieren als andere. Damit sind nicht nur die unzähligen Verwalter gemeint, die heute mit der Inverkehrbringung von Wissensarbeit meist mehr verdienen als die Schöpfer selbst, sondern eben jene, die den Satz vom »Wissen, das sich nur durch Gebrauch vermehrt«[109] ganz offensichtlich missverstanden haben. Denn von Diebstahl und Ausbeutung war keine Rede.

Die Schöpfer geistigen Eigentums könnten zu Recht fragen, warum sie so schlecht bezahlt werden, während Lehrkräfte, die Kindern reproduzierbares Wissen vermitteln, das andere gedacht haben, ein gutes Gehalt bekommen, zuweilen sogar unkündbar sind. Wie kommt es, dass die Unternehmer des Wissens immer schlechter behandelt werden als die Verbraucher?

Spätestens hier kommen wir, wenn es um den Wert des Echten geht, den Respekt vor der Originalität, am Internet nicht mehr vorbei. Das Internet wird oft als Institution der Wissensgesellschaft betrachtet. Das ist aber falsch. Es ist das Gegenteil davon, eine Recycling- und Wissen-Verfrühstückungsmaschine, die kaum Originelles schafft. Als Netzwerk gehört sie eher zur organisierten Kriminalität als zu irgendeiner Form der kreativen Ökonomie.

Nachdem es das Militär, in Form des Pentagons, entwickelt hatte, ging es viele Jahre, stiefkindlich behandelt, in die Hände wissenschaftlicher Institutionen über, die wenig Interesse an der Entwicklung zeigten. Hauptsächlich waren und sind diese öffentlichen Institutionen meist von der Vorstellung beherrscht, dass Wissen ohnehin schon bezahlt ist. Dieser Behördenstandpunkt ist stilbildend für das frühe Internet. Und im Kern ist es dabei geblieben: Warum sollte man sich zu Eigenem anstrengen, wenn man doch Vorhandenes verwalten kann? So kam es dazu, dass die Universitäten immer mehr verschult wurden, Routinewissen, das schon vorhanden war, weiterreichten, ganze Generationen dazu erzogen, dass es sich, ausgerechnet in der global aufbrechenden Wissensgesellschaft, nicht lohnen konnte, ein geistig aktives Leben zu führen, sondern dass es besser war, den Geist zu verbeamten oder wenigstens fest anzustellen. Ausnahmen bestätigen die Regel.

Diese »Philosophie« des Verwaltens des vorhandenen Wissens ist im Konsumkapitalismus, der aktuellen Entwicklungsstufe der industrialistischen Kultur, die vorherrschende Denkart. Natürlich führt das dazu, dass das World Wide Web mit seinen Social Media und dann auch noch schwach künstlich intelligenten ChatGPTs überall und allgegenwärtig mit fremden Weisheiten prahlt.

Digitale Plattformen bemächtigen sich fremder Wissensarbeit, die getan wird von Menschen, die Aufmerksamkeit wollen. Sie lassen sich gern ausbeuten, weil sie nichts anderes gelernt haben. Die ökonomische Echtheit, der Realitätssinn, bleibt auf der Strecke. Am Ende ist alles Hobby- und Amateurbeitrag, die Qualität miserabel – aber das macht ja nichts, denn die Kanäle werden gratis gefüllt. Profitabel ist das für die, die als Plattformen alte Geschäftsmodelle – Werbung für Reichweite – verkaufen. Jeder recycelt jeden und alles.

Der Dämon

Das Wort Realitätssinn legt in unserem Sprachgebrauch schnell nahe, dass die MINT-Leute, die Naturwissenschaftler, davon mehr haben als der Rest der Welt. Sie sind die Zahlenmenschen, die rechnen, kalkulieren, Naturgesetze kennen und ihre Wirkung nicht irgendwie grob einschätzen, sondern klar darlegen können. Das ist ja schon mal was. Aber reicht das aus, um Echtheit und Originalität zu verstehen? Eher nein. Eine Begleiterscheinung des Aufstiegs der Naturwissenschaften war und ist der Determinismus.

Determinieren bedeutet, sich festlegen, aber auch – und das hat man seltener im Blick – begrenzen. Grenzen helfen beim Unterscheiden, beim Erschließen von Komplexität. Andererseits kann das Begrenzen leicht zur Beschränkung werden, und dann haben Beschränkte das Sagen. Für einen Hammer sieht alles aus wie ein Nagel, sagt man dazu in Indonesien.

Für jemanden, der gewohnt ist, dass eine bestimmte Ursache eine bestimmte Wirkung erzeugt, ist das Reale, das Echte, etwas, das sich jetzt – und künftig – bestimmen lassen müsste. Wo das nicht klappt, sagt der Hammer, liegt es nur an den Nägeln, den Daten. Im frühen 19. Jahrhundert formulierte der französische Mathematiker und Politiker Pierre-Simon Laplace den nach ihm genannten »Laplaceschen Dämon«. Das ist die Vorstellung eines Weltgeists, in dem alles berechenbar und damit vorhersehbar wird, aus dem Jahr 1814, wo er schrieb, dass wir den »gegenwärtigen Zustand des Weltalls als Folge eines früheren Zustandes ansehen und als Ursache des noch folgenden«.[110]

Die Realität – das Echte – wäre demnach ein Screenshot, eine Momentaufnahme, die allerdings in jede Richtung, die Vergangenheit wie die Zukunft, aussagekräftig wäre. Wir wüssten genau, was wann wirklich geschah, womit und mit wem. Und was geschehen wird. Es wäre die Weltformel des Wissens und der Erkenntnis.

Wir wissen bis heute nicht, ob Laplace den Dämon in der ihm eigenen feinen Ironie nur erdachte, um seine Kollegen zu veralbern, oder ob er es ernst meinte mit seinem Dämon. Jedenfalls hat es bei der Hammer-Nagel-Fraktion der Naturwissenschaftler dazu geführt, dass solche Visionen auch heute noch, vielleicht sogar noch mehr als je zuvor, die lange Sicht mancher Experten bestimmen. Er traf den Geist der Moderne jedenfalls genau. Denn das ist ja letztlich der Antrieb aller Wissenschaft: zu wissen, wie es wurde, was es ist, und was draus werden kann, was sich damit machen lässt. Die Botschaft des Dämons ist, dass wir ihn wohl nie zu Gesicht bekommen werden, ihm aber auf der Spur bleiben müssen, wenn wir die Welt, die Realität und uns selbst verstehen wollen.

Der Realitätssinn

Fragen wir aber, bevor wir uns dem kritisch zweifelnd nähern, doch mal ChatGPT, was es über Realitätssinn »denkt«, denn das ist ja das, was Menschen zu diesem Thema nüchtern und pragmatisch in die Maschine programmiert haben. (So weit sind wir schon, dass wir lieber Automaten nach der Wirklichkeit fragen als Leute, die die Welt nur nach ihrer Interessenlage beurteilen.) ChatGPT sagt also:

> *Der Begriff »Realitätssinn« bezieht sich auf die Fähigkeit eines Individuums, die Realität objektiv und genau wahrzunehmen, zu verstehen und darauf angemessen zu reagieren. Ein ausgeprägter Realitätssinn impliziert, dass jemand in der Lage ist, die Welt um sich herum sachlich und ohne übermäßige Verzerrungen oder Illusionen wahrzunehmen.*[111]

Dazu gehört, so klärt uns der Menschengeist aus der Maschine auf, eine Reihe von Aspekten, die den »gesunden Realitätssinn« erst ausmachen:

Objektivität: Die Fähigkeit, Dinge so zu sehen, wie sie sind, unabhängig von persönlichen Vorlieben, Wünschen und Vorurteilen.

Faktenorientierung: Die Bereitschaft, sich auf nachweisbare Tatsachen und Beweise zu stützen, anstatt auf Spekulationen oder Meinungen.

Empirie: Die Berücksichtigung von empirischen Beobachtungen und Erfahrungen als Grundlage für das Verständnis der Welt.

Jetzt, so frohlocken die Deterministen, haben wir dich, Freundchen! Denn nichts anderes fordert Laplace ja für seinen Dämon! Nur genau aufzeichnen, was ist, dann hätten wir ein Muster für das, was immer war und sein wird! Wir müssen also nur eine gute Gebrauchsanleitung anlegen, und der Plan siegt!

Langsam lesen. Das ist natürlich ein Denkfehler, den ChatGPT alias der menschliche Geist, der nicht besoffen ist, gleich abräumt: Denn zum Realitätssinn gehören laut ChatGPT unabdingbar:

Anpassungsfähigkeit: Die Fähigkeit, auf Veränderungen in der Realität angemessen zu reagieren, anstatt an veralteten Überzeugungen oder Ideen festzuhalten.

Kritisches Denken: Die Fähigkeit, Informationen und Argumente kritisch zu prüfen, um die Wahrheit von Falschheit zu unterscheiden.

Der Realitätssinn

Realitätssinn heißt in der Lage sein, in Zusammenhängen zu denken, im Kontext. Nicht *einmal* denken, sondern immer wieder, heißt das.

Kontextdenken setzt voraus, dass wir in der Lage sind, außerhalb unserer Firmen, Bubbles, Milieus zu lernen und zu leben, dort zu erkennen, was ist. Realitätssinn heißt immer, dass wir in der Lage sind, das richtige Leben hereinzulassen – einfach, damit wir mit unseren Ideen und Problemlösungen nicht bloß Wunschdenken bedienen. Die beste Idee ist nichts, wenn nicht die Welterfahrung hinzukommt, die persönliche Empirie, die der Sache die Temperatur gibt, die sie echt macht. Wo geschieht was unter welchen Umständen? Das ist relevant.

ChatGPT schließt mit der für Meinungsstarke und Faktenschwache gleichermaßen wie für Deterministen und Verschwörungstheoretiker unerfreulichen Einsicht, dass »ein ausgeprägter Realitätssinn« wichtig ist, um »Probleme zu lösen und informierte Entscheidungen zu treffen«:

Menschen mit einem starken Realitätssinn neigen dazu, weniger anfällig für Täuschungen, Verschwörungstheorien und irrationales Denken zu sein, da sie sich auf objektive Informationen und Beweise stützen, um ihre Ansichten und Handlungen zu begründen.

Bestens. Realitätssinn bedeutet, die Welt lebendig, heute, in der Gegenwart zu verstehen. Die Welt ist keine Matrix. Wir üben und arbeiten in echt, in der Realität. Dazu gibt es tatsächlich keine Alternativen, nur ein paar Hilfsmittel, die es leichter machen.

Simulationen

»Simulatio«, so schreibt der Historiker Leif Scheuermann in einem Aufsatz, bedeutet beim großen Cicero nichts anderes als die Vortäuschung falscher Tatsachen, für den Juristen Aquilius gar »arglistige Täuschung« und noch im *Brockhaus* 1956 »Vortäuschen bzw. Vorspiegeln«, während nur 17 Jahre später, in der beginnenden digitalen Transformation, das Wort schon einen grundlegenden Bedeutungswandel hinter sich hat.[112] Aus dem Tricksen ist »die Nachbildung naturwissenschaftlicher Prozesse und Systeme durch mathematische Modelle« geworden, und 34 Jahre später gehört die Simulation fest zum Repertoire der Informatik.

Das Wort verdankt seinen Aufstieg der Universalmaschine, dem Computer. Die ersten elektronischen Rechner, wie der gewaltige ENIAC (Electronic Numerical Integrator and Computer) des US-amerikanischen Pentagons simulierte 1944 und 1945 Bombenabwürfe auf Kriegsziele. Robert Oppenheimers Manhattan-Project-Forschern standen die ersten leistungsfähigen Computer zur Verfügung. Simulationen boten sich schon damals überall dort an, wo ein herkömmliches Experiment viel zu teuer und zu groß und zu riskant wäre – naheliegend bei jeder Form nuklearer Waffensysteme.

Simulationen sind eine Sonderform des Experiments. Was sich in echt und heute nicht versuchen lässt, wird in die Zukunft – und auch Vergangenheit – projiziert. So können sie etwa offene Fragen zur Entwicklung von Leben und Menschheit liefern, bis hin zu Details, wie denn nun die tonnenschweren Quader der Pyramiden tatsächlich aus den Steinbrüchen ihren Weg in die Grablegen der Pharaonen gefunden haben. Oder sie geben Aufschluss darüber, ob Theorien wie die vom Urknall, der Entstehung des Universums, richtig sein können.

Diese Theorie wurde maßgeblich vom britischen Physiker Fred Hoyle geprägt, der wiederum davon überzeugt war, dass die Sache mit der Initialzündung selbst wieder Teil einer Simulation gewesen sein muss.[113] Irgendeine »Superintelligenz« müsse, so Hoyle, die Grundlagen dafür gelegt haben, dass die Naturgesetze so sind, wie sie nun mal sind. Demnach wäre das, was wir für den harten Kern der Realität halten, schlichte Einbildung. Hoyle stand mit solchen Ideen nicht allein da, und es sind keineswegs Forscher mit starken religiösen Bindungen, die an die Superintelligenz-Simulation glauben.

Viele Jahre nach Hoyle brachte der schwedische Philosoph Nick Bostrom seine Simulationshypothese auf den Markt, bei der unser Freund Neo aus *Matrix* wohl heftig mit dem Kopf genickt hätte. 2003 veröffentlichte Bostrom sein Gedankenexperiment »Are you living in a computer simulation?«[114] Seine Hypothese lässt sich weder eindeutig beweisen noch eindeutig widerlegen, spannend aber sind seine drei Möglichkeitsräume für das, was wir Realität nennen. Denn natürlich lässt sich ja an dieser zweifeln, wie an allem, was in ihr stattfindet – echt oder vermeintlich.

Nehmen wir an, schlägt Bostrom vor, es hätte mal eine Superintelligenz gegeben, die in der Lage war, andere Wesen mit Bewusstsein zu schaffen. Immerhin glauben das auf dieser Welt Milliarden von Menschen, die in irgendeiner Weise religiös sind. All diesen Vorstellungen liegt ja zugrunde, dass ein »höheres Wesen« – oder gleich mehrere davon – uns geschaffen hat. Es spielt dabei keine Rolle, ob die »Schöpfung« nun biologische oder molekulare Strukturen hervorbringt, etwa Menschen oder aber auch Roboter. Wie könnte das nun aussehen, was ist wahrscheinlich? Bostroms Erklärungen lauten wie folgt:

> *1. Die menschliche Zivilisation ist zu dumm dafür, eine solche Entwicklung zu »Posthumanismus« selbst hinzukriegen, weil sie sich vorher von diesem Planeten und damit aus dem Universum verabschiedet. Wir sterben aus.*
>
> *2. Die Zivilisationen, die anders könnten, haben überhaupt kein Interesse daran, ihre eigene Evolution an Kopien ihrer selbst oder Varianten davon nachzuspielen. Sie sind zu schlau dazu und haben wahrscheinlich etwas Besseres zu tun.*
>
> *3. Wir leben in einer Computersimulation.*

Es wird zwar oft behauptet, dass wir uns selbst auslöschen werden, und selbst wenn diese Möglichkeit – durch Kriege und Klimakatastrophe – gar nicht so abwegig klingt, steht dagegen doch der Realitätssinn des Menschen, zu dem auch die Einsicht zur Verbesserung der Umstände gehört. So viel zu Option 1. Und zu Option 3? Es gibt keinen wirklichen Anhaltspunkt dafür, dass wir in einer Computersimulation leben.

Interessanter ist da schon, warum unsere hochentwickelte Zivilisation so stark dazu neigt, instinktiv die erste und die dritte Möglichkeit zu denken – und die eher langweilige, aber mit Abstand realistischste (echteste) Variante der Mitte, Option 2, verwirft? Es gibt einen Analphabetismus des Realitätssinns.

Realität lässt sich im Kontext der Naturgesetze durchaus verstehen. Hier wird auch aus Zweifel – und aus Neugier – Weisheit. Nur: Weil so viele heute schlicht keine Ahnung von Mathematik, Physik, Informatik, Chemie, Biologie und dem ganzen mühsamen Zahlenkram haben, also auch der Ökonomie, werden die Naturgesetze, die echt echte Realität, in den Rang eines Glaubenssatzes gehoben. So wie Menschen früher mangels Wissens nichts anderes übrigblieb, als an höhere Wesen zu glauben, glauben viele Bildungsbürger, die großen Einfluss auf die Politik und die öffentliche Meinungsbildung haben, eher widerwillig den Naturwissenschaften, die die »exakten Geheimnisse unserer Welt«, wie Isaac Asimov es nannte, entschlüsseln.

Die Naturwissenschaften haben mehr als alle anderen menschlichen Denkleistungen dazu beigetragen, dass wir uns verstehen und unserer Originalität gerechter werden als zuvor. Sie sind die besten Freunde des Echten. Und gelegentlich spukt bei einem oder anderen von ihnen der alte Dämon des Grafen Laplace durch den Kopf, wie bei Fred Hoyle. Es gibt bis heute keine Beweise für seine Behauptungen. So ist Hoyles Nachdenken über die Anfänge und die Ursachen eine philosophische Übung, ein Suchen nach jenem Sinn, das ursprünglich der Ausgangspunkt für die Reise der Naturwissenschaften war. Dem nüchternen Vermessen der Wirklichkeit folgt immer noch eine weitere Frage. Nicht dieses Fragen ist das Problem, sondern das vorschnelle Antworten.

Singularität und Transhumanismus

Wenn die Realität keine Simulation ist, wie ist das denn dann mit uns selbst, den Menschen? Im Jahr 2005 erschien das Buch *The Singularity is Near. When Humans Transcend Biology* des US-amerikanischen Erfinders und Unternehmers Raymond Kurzweil.[115] Musiker auf aller Welt kennen und schätzen Kurzweil für seine famosen Keyboards, und seine Verdienste bei der Entwicklung barrierefreier Schnittstellen für Sehbehinderte sind weithin anerkannt. Kurzweil, der Leiter der technischen Entwicklung bei Google ist, vertritt den Posthumanismus – also das, was nach dem echten Menschen kommt. So denken es jedenfalls Kurzweils Anhänger.

Was, wenn wir nicht nur ein paar Ersatzteile – Prothesen – verpasst bekämen, sobald die Originalteile ausfallen, sondern komplett nur mehr als Geistwesen existieren?

Damit das attraktiv ist, muss niemand an Seelenwanderung und ans Jenseits glauben. Auch Atheisten wünschen sich, dass man sich nach ihrem biologischen Tod an sie erinnert. Sie wollen etwas hinterlassen. Ein Denkmal setzen. Jemand, der an sie denkt, wie sie mal waren.

Nehmen wir nun an, es gelänge, die Biologie auszutricksen und unser Bewusstsein in eine Art Computer zu transferieren, eine künstliche natürliche Intelligenz also, die keine Krankheiten kennt und keine Leiden. Und angenommen, diese Intelligenz würde sich weiterentwickeln, lernen, nicht ein paar Jahre, sondern Jahrzehntausende, wenn nicht »für immer«. Unsere Werkzeuge würden also zu dem, was wir waren, und sie entwickelten dabei ein Eigenleben. Das ist die Idee der Singularität, der Maschinen, die uns nicht mehr brauchen, weil sie mit uns – dem uns ausmachenden Bewusstsein – verschmolzen sind. Wären das nicht wir?

Mit zunehmenden Möglichkeiten wird daraus das, was aus dem guten alten Holzbein wurde, nämlich eine Beinprothese, die am Oberschenkelstumpf eines Athleten mehr

Leistungsfähigkeit entwickelt als jede natürliche, biologische Alternative. Menschen sterben an Krebs, Herzinfarkt, an Unfällen, an Organversagen und schließlich daran, dass sich unsere Zellen nicht mehr ausreichend regenerieren und vermehren können, an Altersschwäche, was in gewisser Hinsicht eine Form der biologischen Amputation ist – und wir sprechen hier bereits vom Glücksfall, dem sogenannten »natürlichen Tod«, an dem sich die Zellen einfach nicht mehr ausreichend regenerieren, um dem Organismus ein Weiterleben zu ermöglichen. Im Jahr 1871 betrug die Lebenserwartung von Männern und Frauen in Deutschland 35,6 und 38,5 Jahre, im Jahr 2020 waren es 78,5 und 83,4 Jahre.[116] Die meisten Menschen sterben an Herzinfarkten und Schlaganfällen, fast 350 000 Deutsche kommen dadurch pro Jahr ums Leben, gefolgt von etwa einer Viertelmillion Tode durch Krebs.[117]

Wir verbauen Herzschrittmacher, künstliche Organe, wir setzen Implantate und öffnen Venen und Arterien, damit die Verkalkung gestoppt wird. Wir verabreichen eine Vielzahl chemischer Präparate, die es an jeder Ecke zu kaufen gibt, um unsere Lebenserwartung zu erhöhen. Sind wir nicht längst Posthumanisten? Hinter dem Posthumanismus steckt das Konzept des Transhumanismus, bei dem der echte Mensch sich in eine Art Maschine verwandelt, die nicht sterben muss, weil sie durch ihre Superintelligenz in der Lage ist, sich immer wieder – und das ist nun nicht als Phrase, sondern im Wortsinn zu verstehen – selbst zu erfinden.

Bevor wir also meinen, das wäre das Ende des Echten, sollten wir überlegen, was wir eigentlich wollen: Auch die Fähigkeit, Leiden und Tod zu überwinden, und sei es nur um einige Jahre und Jahrzehnte, wie wir es heute schon vermögen, ist im Grunde nicht »natürlich«. Das »Natürliche«

ist eine Vorstellung von echt, die aber meistens falsch ist. Ihr fehlt nämlich der Realitätssinn. Wir wollen nicht sterben. Das »echte« Leben nach der Natur ist trostlos, brutal und hoffnungslos. Es zeichnet uns aus, dass wir immer versucht haben, dieser Hoffnungslosigkeit durch Neugierde und kritische Zweifel am Istzustand zu entfliehen. Es gibt überhaupt nur einen Grund, um ein Bewusstsein zu haben: es zu erweitern, was so viel heißt wie seine Möglichkeiten, Überlebenschancen, seine Zufriedenheit, ja, sein Glück zu mehren. Alles andere ist vollkommen sinnlos.

Wir müssen nur akzeptieren, dass auf diesem Weg zum wahren Echten keine einfachen Formeln weiterhelfen. Auch im Zeitalter des Transhumanismus und Posthumanismus wird es darum gehen, dass man mit sich im Reinen ist, also das hat, was tatsächlich unter einem gesunden Geist zu verstehen ist.

Warum wir immer echt bleiben

Unsere Schöpfungen, Ideen, Gedanken, Modelle, Weltsichten, unsere Werkzeuge – sie sind ein Teil von uns. Sie sind so echt oder so falsch wie wir selbst.

Viele heute sehen in der künstlichen Intelligenz eine Bedrohung, sind also kulturpessimistisch. Das liegt daran, dass es uns an Selbstbewusstsein mangelt, eine Folge der geringen Bildung rund um Technologie und Fortschritt. Wir sehen die Welt völlig anders als unsere Vorfahren, die sich am Feuer versammelten. Wir sehen sie mit den Augen derer, die sie seither gemacht haben. Die Gefahr, dass der Mensch aufhört, sich als Mittelpunkt der Welt zu sehen, als Original, als einzigen Maßstab, ist ohnehin zu vernachlässigen. Religionen sind immer Spiegelbilder menschlicher Moral- und Kulturentwürfe gewesen. Unser Gottesbild ist menschlich, nicht übernatürlich, und dazu braucht man sich weder einen alten Mann mit Bart vorstellen noch eine weise Frau, die auf irgendeinem Thron in irgendeinem Universum sitzt und die Sache irgendwie organisiert.

Roboter in Science-Fiction-Filmen sehen immer ein bisschen aus wie wir, menschlich, sie sind Androide. Androide sind Werkzeuge, die so tun, als ob sie wir wären, und die sich auch so verhalten, jedenfalls in Science-Fiction-Filmen. In Japan ist man fest davon überzeugt, dass Serviceroboter von Menschen dann akzeptiert werden, wenn sie so aussehen wie Menschen.

Auch in Südkorea, wo die Robotik stark in der Wirtschaft verankert ist, ist man davon überzeugt. Deshalb hat wohl auch der Hyundai-Konzern den US-amerikanischen Roboterproduzenten Boston Dynamics gekauft, der zuvor Teil von Google war. Die Produkte von Boston Dynamics sind extrem populär: Jeder kennt die flinken Roboterhunde, die Parks kontrollieren, die Roboter, die hurtig ein Gerüst hochspringen oder Rock'n'Roll tanzen. Das sieht alles sehr cool aus. Allerdings verkaufte Google den Laden 2016, weil die nüchternen Buchhalter des Konzerns keine finanzielle Perspektive für die Roboterbauer sahen.

Nicht nur aus Marketinggründen ist man vom Androiden auf den Hund gekommen: Der Roboterdackel mit dem neckischen Namen »Spot«, der mit seinen Sensoren durch Lagerhallen und Fabriken läuft, um dort Daten zu sammeln, ist für etwas mehr als 60 000 Euro im Angebot. Im Grunde ist aber der Roboterhund nur ein Versuch, die menschliche Vorstellung von gut, zuverlässig und menschenfreundlich näher ans Werkzeug zu bringen. Dahinter liegt einerseits die

Hoffnung, dass die Roboter dann leichter akzeptiert werden, und andererseits ist es wohl auch ein Augenzwinkern in Richtung kostenbewusster Kapitalisten, sich ihrer fehleranfälligen menschlichen Originale zu entledigen. Das Problem bei der Vermenschlichung beziehungsweise Verhundung ist, dass dies den im Westen und ganz besonders in Europa ohnehin schon starken Kulturpessimismus ein weiteres Mal herausfordert. Frankenstein auf Akkus – das wird dort, wo die Systeme dringend gebraucht werden, lange Zeit im Weg stehen.

Dabei müssen beispielsweise Pflegeroboter keineswegs wie echte Menschen aussehen. Denn wir vermenschlichen ohnehin alles, was uns ins Bewusstsein kommt.

Im Jahr 1944 unternahmen die in die USA emigrierten Psychologen Marianne Simmel – eine Enkelin des deutschen Soziologen Georg Simmel – und der aus Wien stammende Fritz Heider ein bemerkenswertes Experiment, bei dem sie einen Trickfilm einsetzten. Darin sehen wir zwei unterschiedlich große Dreiecke und einen Kreis beziehungsweise eine Scheibe, die sich auf dem Bild zuweilen in, dann wieder außerhalb eines Rechtecks mit einer Öffnung bewegen.[118] Manchmal öffnet ein Dreieck das »Tor«, als das die Öffnung von den meisten Betrachtern definiert wird, um dort dann den Kreis einzusperren oder ihn draußen herum zu jagen, wenn er dies zu verhindern versucht, während das andere Dreieck dem Kreis beispringt und ihn schließlich, aus dem Bild verschwindend, »rettet«.

Diese Beschreibung ist bereits die Interpretation dessen, was wir gesehen haben – nämlich im Grunde nichts anderes als einen Kreis, ein paar Linien, ein großes und etwas kleineres Dreieck in Bewegung. Doch die Attribute, die Zuschreibungen zu dem, was da am Bildschirm geschah, erzählen die

Geschichte, wie sie aus menschlicher Perspektive wirkt – und aus ganz harmlosen bewegten geometrischen Objekten macht unser Bewusstsein ein »böses Dreieck«, das ein »gutes Dreieck« und einen »armen, verfolgten Kreis« belästigt, einsperrt, terrorisiert. Anthropomorphismus heißt das, auf Deutsch Vermenschlichung. Wir vermenschlichen alles: Autos, Lokomotiven, Hunde, Götter, Gegenstände, Pflanzen, die Sonne, den Mond und die Sterne – »Lady Sunshine und Mister Moon«. Wir geben unseren Fahrrädern Namen, wir reden unserem Motor gut zu, wenn er nicht anspringen will, und beschimpfen die »blöde Kaffeemaschine«, wenn sie nicht funktioniert. Alles, was wir in die Finger kriegen, vermenschlichen wir.

Im *Koran* gibt es das ausdrückliche Verbot der Darstellung Allahs, und die Bilderstürmer, die die Bildnisse der Heiligen und Gottesdarstellungen demolierten, dachten genauso. Das Ebenbild ist eine Anmaßung. Tatsächlich aber können wir uns, wenn wir unsere Rolle in dieser Welt einnehmen, nichts vorstellen, was nicht dem menschlichen Denken, dem »Human Factor«, entspricht.

Echt ist, was in uns steckt. Unser Bewusstsein, und das ist nichts anderes als das, was man seit alten Zeiten unsere Seele nennt. Das ist der harte Kern des Echten, unserer Einzigartigkeit. Das sind wir.

»Die Wirklichkeit des Leibes«, so schrieb der kluge katholische Fundamentaltheologe Johann Baptist Metz, »ist nichts anderes als seine wirkliche Seele. […] Seele ist darum immer eine Aussage über den ganzen Menschen.«[119] Der Geist, die Seele, sie ist das größte immaterielle Gut. Sie verliert nicht an Wert, wenn wir, was wir ohnehin immer getan haben, weiter tun: an der Reduktion unserer natürlichen Defizite arbeiten.

Aus diesem Grund sehen wir bei tanzenden Dreiecken und Kreisen wahre Dramen und Tragödien auf dem Papier, aus diesem Grund tragen wir Prothesen, treiben die Robotik weiter, benutzen künstliche Intelligenz und erweitern damit unsere Horizonte und unsere Lebensspannen. Weil das nicht immer gelingt, bauen wir auch Denkmäler und feiern Gedenktage. Atheisten balsamieren ihren Lenin ein, alte Ägypter ihren Pharao, Katholiken sammeln Reliquien, und Protestanten hoffen, durch ihre Werke und ihren Fleiß Unsterblichkeit zu erlangen.

Ein Leben ist keine Kopie, keine Simulation, keine Form, aus der man weitere Exemplare herstellen könnte. Das Echte, das Einzigartige in uns ist das, was uns ausmacht, aber es folgt keinem einheitlichen Bauplan und unterliegt keinem Standard.

Die Suche

Als Fans des Musikers Nick Cave ihm zunehmend Texte schickten, die ChatGPT und andere KI-Agenten fabriziert hatten, schrieb er auf seinem Blog The Red Hand Files einem Mann namens Mark stellvertretend für viele andere: »Die Apokalypse ist auf dem besten Weg. Dieses Lied ist scheiße.«[120] Und er begründete auch klar und deutlich, warum: »Was ChatGPT ist [...], ist Replikation als Farce.« Vielleicht, so Cave, könne das Ding irgendwann mal ein Lied machen, das »oberflächlich betrachtet nicht mehr von einem Original zu unterscheiden ist, aber es wird immer eine Nachbildung sein, eine Art Burleske«.

Lieder, so Cave, entstünden wie alle Kunst und alles Neue, Echte, aus »einem komplexen, inneren menschlichen Kampf der Schöpfung«, aber »so viel ich weiß, fühlen Algorithmen nicht. Daten leiden nicht. ChatGPT hat kein inneres Wesen, es war nirgendwo, es hat nichts ertragen, es hatte nicht die Kühnheit, über seine Grenzen hinauszugehen«. Deshalb bestehe seine Rolle eben nur in der Nachahmung, und es könne »niemals eine authentische menschliche Erfahrung machen, egal wie entwertet und belanglos die menschliche Erfahrung mit der Zeit auch werden mag«.

Cave weiß, was einen »großen Song« ausmacht – und das ist genau das Gleiche, was große Texte ausmacht, große Bücher, Bilder, Innovationen, Ideen und Technologien, Verfahren und Methoden, all das also, was uns Menschen einfällt, weil wir uns echt darum bemühen. Das Originale, das Einzigartige, es ist wie bei einem »guten Song [...] keine Nachahmung, Replikation oder Pastiche, es ist das Gegenteil. Es ist [...] Teil des authentischen kreativen Kampfs [...], die atemlose Konfrontation mit der eigenen Verletzlichkeit, der eigenen Gefährlichkeit, der eigenen Kleinheit, [...] es ist der künstlerische Akt, der das Herz des Zuhörers berührt«, weil der darin sich selbst wiedererkennen würde, »seinen eigenen Kampf, sein eigenes Leiden«. Mehr hätten wir, so Cave, nicht anzubieten als die Auseinandersetzung »mit der eigenen Unzulänglichkeit«, aber genau darin liege eben die »menschliche Genialität, die tief in diesen Grenzen verwurzelt ist und doch darüber hinausgeht«.

All das Echte, Wahre, Einzigartige, es erfordert »meine Menschlichkeit. Was diese neue Idee ist, weiß ich nicht«, schreibt Cave, »aber sie ist irgendwo da draußen und sucht nach mir. Mit der Zeit werden wir uns finden.«

So ist es. Echt.

Anmerkungen

1. Prinz Pi, Mark Forster, »Das Original«, *LyricFind*.
2. Siehe https://www.theodor-heuss-stiftung.de/theodor-heuss-preis-2023.
3. ChatGPT auf die Frage »Was ist echt?«, abgerufen 21. Juli 2023.
4. Youtube, https://www.youtube.com/@MartijnDoolaard, Stand 10/2023.
5. Siehe https://www.bloomberg.com/news/articles/2023-08-24/taylor-swift-led-summer-seen-adding-8-5-billion-to-us-growth.
6. Siehe https://purl.stanford.edu/fv751yt5934.
7. An dieser Stelle sei die ausgezeichnete Fernsehserie *The Playlist* über die Geschichte Spotifys erwähnt, die, mehr als originell, auf dem Streaming-Kanal Netflix erschien, der ein ähnliches Geschäftsmodell betreibt wie die schwedische Firma.
8. Siehe https://office-roxx.de/2017/03/09/charakter-am-arbeitsplatz-warum-wir-uns-nach-dem-echten-sehnen.
9. Siehe https://de.wikipedia.org/wiki/Charakter.
10. Warren Bennis, »Managing the Dream«, *Training Magazin*, 1990, hier zitiert nach Wikipedia, »Warren Bennis«.
11. https://office-roxx.de/2017/03/09/charakter-am-arbeitsplatz-warum-wir-uns-nach-dem-echten-sehnen.
12. Theodor W. Adorno, Max Horkheimer, *Dialektik der Aufklärung* Fischer, 2022 (Original von 1944).
13. Siehe https://de.statista.com/statistik/daten/studie/360581/umfrage/marktanteil-von-biolebensmitteln-in-deutschland.

14 Siehe https://www.geo.de/geolino/redewendungen/8937-rtkl-redewendung-ein-x-fuer-ein-u-vormachen.
15 ChatGPT auf die Frage »Was ist Wahrheit?«, abgerufen 7. September 2023.
16 Mit dem Medienwissenschaftler Bernhard Pörksen wurde daraus ein Buch: *Wahrheit ist die Erfindung eines Lügners. Gespräche für Skeptiker*, Carl Auer, 2006.
17 Karl Marx, Friedrich Engels, *Das Manifest der Kommunistischen Partei*, Faksimile des Deutschen Text Archivs, https://www.deutschestextarchiv.de/book/view/marx_manifestws_1848?p=5.
18 Philip K. Dick, *Valis*, Bantam, 1981.
19 Wikipedia, »Realität«.
20 Siehe https://de.wikipedia.org/wiki/Authentizit%C3%A4t.
21 Jeremy Rifkin, *Access. Das Verschwinden des Eigentums*, Campus, 2007.
22 Siehe https://de.wikipedia.org/wiki/Heuristik.
23 Siehe https://netzpolitik.org/2016/bundesregierung-befragt-bevoelkerung-die-wuenscht-sich-mehr-netzpolitik-und-eine-staerkung-des-datenschutzes.
24 Siehe https://de.statista.com/statistik/daten/studie/295265/umfrage/polizeilich-erfasste-faelle-von-cyberkriminalitaet-im-engeren-sinne-in-deutschland.
25 Siehe https://de.statista.com/statistik/daten/studie/802721/umfrage/anzahl-der-opfer-von-cybercrime-nach-laendern-weltweit.
26 Siehe https://www.bmi.bund.de/DE/themen/sicherheit/kriminalitaetsbekaempfung-und-gefahrenabwehr/cyberkriminalitaet/cyberkriminalitaet-node.html.
27 Wir werden aber noch sehen, dass auch die deduktive Methodik gute Gründe hat, etwa wenn es um Paradigmen, Dogmen und andere »ewige Wahrheiten« geht, und dazu die Arbeit Karl Poppers kennenlernen.

Anmerkungen

28 Siehe https://blog.nationalmuseum.ch/2017/07/geldfaelscher.
29 René Descartes, *Meditationes de prima philosophia*. Soly, 1641.
30 Bertolt Brecht, »Lob des Zweifels«, 1938, https://fd.phwa.ch/?page_id=676.
31 Siehe https://de.wikipedia.org/wiki/Dunning-Kruger-Effekt.
32 Siehe https://de.wikipedia.org/wiki/%C3%96konomie_der_Aufmerksamkeit.
33 Frank Zappa, »Flakes«, *LyricFind*.
34 Thorstein Veblen: *Theorie der feinen Leute. Eine ökonomische Untersuchung der Institutionen*, Fischer, 2007.
35 Siehe https://de.wikipedia.org/wiki/Geltungskonsum.
36 Siehe https://de.wikipedia.org/wiki/Veblen-Effekt.
37 Walter Benjamin, *Das Kunstwerk im Zeitalter seiner technischen Reproduzierbarkeit*, Suhrkamp, 2006 [1935], S. 14, weitere Zitate S. 9–20.
38 Walter Benjamin, *Kunstwerk*. S. 12.
39 Hannah Arendt, *Die Lüge in der Politik*, Piper, 1972, S. 10.
40 Alberto Grandi, *Denominazione di origine inventata. Le bugie del marketing sui prodotti tipici italiani*, Montadori, 2018.
41 Luzi Bernet, »Der Professore, der die Mythen der italienischen Küche zerstört: Wie Alberto Grandi ein etwas selbstgerechtes Land aufschreckt«, *Neue Zürcher Zeitung*, 30. April 2023, https://www.nzz.ch/international/alberto-grandi-ein-professor-zerstoert-mythen-der-kueche-italiens-ld.1734427.
42 Alberto Grandi in der *NZZ*, https://www.nzz.ch/international/alberto-grandi-ein-professor-zerstoert-mythen-der-kueche-italiens-ld.1734427.
43 Stefanie Karara: »Alltag – Was ist normal?«, *Die Zeit*, 17. Mai 2013, https://de.wikipedia.org/wiki/Normalit%C3%A4t.
44 Siehe https://de.wikipedia.org/wiki/Normalit%C3%A4t.
45 José Ortega y Gasset, *Der Aufstand der Massen*, Bertelsmann Lesering 5066, 1993, S. 361.

46 Fred Phillips u. a., »The Knowledge Society origins and current trajectory«, *International Journal of Innovation Studies* 3/2017, S. 175–191.
47 Siehe https://de.wikipedia.org/wiki/Vierte_Gewalt.
48 »Cool bleiben, nicht kalt«, *Spiegel*, 27. März 1995.
49 Thymian Bussemer, *Propaganda. Konzepte und Theorien*, VS Verlag für Sozialwissenschaften, 2005, S. 11.
50 Erich Kästner, »Reklame und Weltrevolution«, *Werke VI*, DTV, 2004, S. 233–237.
51 Edward Bernays: *Propaganda. Die Kunst der Public Relations.* Orange Press, 2007, S. 11.
52 Zitiert nach Volker Reinhardt, *Machiavelli oder Die Kunst der Macht*, C. H. Beck, 2021, S. 262, https://de.wikipedia.org/wiki/Niccol%C3%B2_Machiavelli#cite_note-Reinhardt-S256-96.
53 Albert O Hirschman, *Leidenschaft und Interessen. Politische Begründungen des Kapitalismus vor seinem Sieg*, 1989.
54 Und noch einiges mehr, siehe https://de.wiktionary.org/wiki/Interesse.
55 Matthäus 5,37.
56 Das gilt natürlich auch für Fotografien und figurale Kunst und Filme, Musik und Literatur, die alle die »Handschrift«, die »Sichtweise« ihrer Schöpfer tragen.
57 Georg Franck, *Ökonomie der Aufmerksamkeit*, Hanser, 1998.
58 Siehe http://web.archive.org/web/20130703051751/https://www.zeit.de/2012/44/Kunstmarkt-Faelschung-Wolfgang-Beltracchi.
59 Léon Wurmser, *Die Maske der Scham*, Springer, 2013, S. 122, https://books.google.de/books?id=OXinBgAAQBAJ&pg=PR5&hl=de.
60 Siehe https://www.dw.com/de/der-spanische-meister-das-schmutzige-gesch%C3%A4ft-mit-gef%C3%A4lschten-antiken/a-18993860.

Anmerkungen 221

61 Siehe https://de.wikipedia.org/wiki/Mimikry, hier die Ausführungen zur sogenannten Bateschen Mimikry.
62 David Poeppel, »Die Zellen des Anstoßes«, Zeit, 17. Dezember 2010, https://www.zeit.de/2010/51/N-Spiegelneuronen/seite-2.
63 Malvina Reynolds, »Little Boxes«, LyricFind.
64 Ute Frevert, Vertrauensfrage. Eine Obsession der Moderne, C. H. Beck, 2013.
65 European Recovery Programm, landläufig Marshall-Plan, war zwischen 1948 und 1952 ein mit mehr als 13 Milliarden US-Dollar ausgestattetes Wiederaufbauprogramm vor allem für westeuropäische Staaten. Benannt wurde es nach dem US-amerikanischen Außenminister George C. Marshall. Deutschland war einer der Hauptnutznießer.
66 Bertolt Brecht, Dreigroschenoper, Suhrkamp, 1968.
67 Warnfried Dettling auf den Seiten des Deutschen Bundestags, https://webarchiv.bundestag.de/archive/2005/0919/bp/2003/bp0304/0304003.html.
68 Georg Jellinek, Allgemeine Staatslehre, Springer, 1914, S. 337 ff.
69 Siehe https://www.duden.de/rechtschreibung/Perspektive.
70 Georg Friedrich Hegel, »Die Italienische Malerei«, Vorlesungen über die Ästhetik, https://www.textlog.de/5793.
71 Gute und anschauliche Beispiele finden sich bei Wikipedia, »Optische Täuschung«, https://de.wikipedia.org/wiki/Optische_T%C3%A4uschung.
72 Wolf Lotter, Zusammenhänge. Wie wir lernen, die Welt wieder zu verstehen, Koerber, 2020.
73 Volker Reinhardt, Machiavelli oder Die Kunst der Macht. Eine Biographie. C. H. Beck 2012, S. 86.
74 Albert O. Hirschman, Leidenschaften und Interessen. Politische Begründungen des Kapitalismus vor seinem Sieg, Suhrkamp, 2010, S. 21.
75 Wir kommen in Kapitel 5 darauf zu sprechen.

76 Dirk Hoeges, *Der Principe-Komplex. Niccolò Machiavelli. Fünfhundert Jahre Missverständnis*, Machiavelli Edition, 2021.
77 René Descartes, *Meditationes de Prima Philosophie*, 1641, im Original »Dubium sapientiae initium«.
78 Thomas S. Kuhn, *Die Struktur wissenschaftlicher Revolutionen*, Suhrkamp, 2001.
79 *Die Geschichte Chinas*, arte, 2023, https://www.youtube.com/watch?v=HUC_ch6X_rU.
80 Siehe https://www.duden.de/rechtschreibung/fabulieren.
81 Kundenrezension, »4,0 von 5 Sternen. Schönes Design, eben Italienisch«, https://www.amazon.de/gp/customer-reviews/RAPYS079M2M4B/ref=cm_cr_arp_d_rvw_ttl?ie=UTF8&ASIN=B0C16XZ9WY.
82 Siehe https://www.amazon.de/ask/questions/Tx2IJHLMP244FY8.
83 Siehe https://de.wikipedia.org/wiki/Mogelpackung.
84 Ein hilfreiches Brevier für ein besseres Verständnis der chinesischen Innovationskultur: François Jullien, *Es gibt keine kulturelle Identität*, Suhrkamp, 2017.
85 Siehe https://de.statista.com/statistik/daten/studie/37013/umfrage/ranking-der-top-20-exportlaender-weltweit.
86 Siehe https://de.wikipedia.org/wiki/Made_in_Germany.
87 Wolfgang Clement im Gespräch mit dem Autor.
88 Siehe https://de.wikipedia.org/wiki/Made_in_China_2025 und http://english.www.gov.cn/2016special/madeinchina2025.
89 Siehe https://de.statista.com/themen/2065/aldi/#topicOverview.
90 Siehe https://de.wikipedia.org/wiki/Lidl.
91 Siehe https://www.focus.de/finanzen/gut-und-guenstig-ja-k-classic-eigenmarken-boomen-doch-sie-werden-fuer-hersteller-zum-problem_id_180414315.html.

Anmerkungen

92 Siehe https://www.spiegel.de/geschichte/siegeszug-des-walkman-a-946531.html.
93 Siehe https://euipo.europa.eu/tunnel-web/secure/webdav/guest/document_library/observatory/documents/reports/2021_EUIPO_OECD_Report_Fakes/2021_EUIPO_OECD_Trate_Fakes_ExSum_de.pdf.
94 Siehe https://euipo.europa.eu/tunnel-web/secure/webdav/guest/document_library/observatory/documents/reports/2021_EUIPO_OECD_Report_Fakes/2021_EUIPO_OECD_Trate_Fakes_Study_FullR_en.pdf.
95 Siehe https://www.skf.com/de/organisation/brand-protection.
96 Siehe https://www.kfz-betrieb.vogel.de/skf-gefaelschte-lager-bei-oldtimer-restaurierer-entdeckt-a-787808.
97 »Illegale Arzneimittel: Achtung Fälschung!«, vfa, 27. August 2020, https://www.vfa-patientenportal.de/arzneimittel/arzneimittelsicherheit-1/illegale-arzneimittel-achtung-faelschung.html.
98 »Illegale Arzneimittel«.
99 Siehe https://www.youtube.com/watch?v=UF8uR6Z6KLc.
100 Alvin Toffler, *Der Zukunftsschock*, Scherz, 1970.
101 Siehe https://www.deutschlandfunk.de/eine-sache-um-ihrer-selbst-willen-gut-machen-100.html.
102 »Address by President Johnf. Kennedy«, Yale University Commencement, 11. Juni 1962, https://www.jfklibrary.org/about-us/about-the-jfk-library/kennedy-library-fast-facts/rededication-film-quote.
103 Karel Čapek, *W. U. R., Werstands universal Robots*, Orbis/Cnobloch, 1922.
104 Arthur C. Clarke, *Profile der Zukunft. Über die Grenzen des Möglichen*, Heyne, 1984.
105 »Homo Faber«, https://de.wiktionary.org/wiki/Homo_Faber.
106 Ernst Bloch, *Das Prinzip Hoffnung*, Suhrkamp, 1959.

107 »Zusammenhalt in der Transformation«, Tagung, Mannheim 2023, Aufzeichnung des Autors.
108 ChatGPT auf die Frage »Was ist AI?«, abgerufen 6. September 2023.
109 Gilbert Probst u. a., *Wissen managen. Wie Unternehmen ihre wertvollste Ressource optimal nutzen*, Springer Gabler, 2013.
110 Siehe https://de.wikipedia.org/wiki/Laplacescher_D%C3%A4mon.
111 ChatGPT auf die Frage »Was ist Realitätssinn?«, abgerufen 5. September 2023.
112 Leif Scheuermann, »Geschichte der Simulation / Simulation der Geschichte«. Digital Classics Online 2/2020, https://journals.ub.uni-heidelberg.de/index.php/dco/article/view/73395/67074.
113 Markus Becker, »Lebt die Menschheit in einer Matrix?«, *Spiegel*, 16. November 2004, https://www.spiegel.de/wissenschaft/mensch/gefuehlte-wirklichkeit-lebt-die-menschheit-in-der-matrix-a-328008.html.
114 Siehe https://www.simulation-argument.com/simulation.
115 Ray Kurzweil, *Menschheit 2.0. Die Singularität naht*, Lola, 2014.
116 Siehe https://de.statista.com/statistik/daten/studie/185394/umfrage/entwicklung-der-lebenserwartung-nach-geschlecht.
117 Siehe https://de.statista.com/statistik/daten/studie/158441/umfrage/anzahl-der-todesfaelle-nach-todesursachen.
118 Siehe https://www.all-about-psychology.com/fritz-heider.html.
119 Johann Baptist Metz, »Seele. III. Systematisch«, *Lexikon für Theologie und Kirche*, Herder, 1964.
120 Siehe https://www.theredhandfiles.com/chat-gpt-what-do-you-think.